The Philosophy of Childhood

童 年 哲 学

（新版）

加雷斯·B. 马修斯 著

刘晓东 译

生活·讀書·新知 三联书店

Simplified Chinese Copyright © 2020 by SDX Joint Publishing Company.
All Rights Reserved.
本作品简体中文版权由生活·读书·新知三联书店所有。
未经许可，不得翻印。

THE PHILOSOPHY OF CHILDHOOD
by Gareth B. Matthews
Copyright ©1994 by the President and Fellows of Harvard College
Published by arrangement with Harvard University Press
Through Bardon-Chinese Media Agency

图书在版编目（CIP）数据

童年哲学：新版／（美）加雷斯·B. 马修斯著；刘晓东译．—2 版．—北京：生活·读书·新知三联书店，2020.9
（马修斯儿童哲学三部曲）
ISBN 978–7–108–06902–3

Ⅰ.①童… Ⅱ.①加… ②刘… Ⅲ.①儿童教育－教育哲学 Ⅳ.① G61-02

中国版本图书馆 CIP 数据核字（2020）第 145651 号

责任编辑	胡群英
装帧设计	薛　宇
责任印制	宋　家
出版发行	生活·讀書·新知 三联书店
	（北京市东城区美术馆东街 22 号 100010）
网　　址	www.sdxjpc.com
图　　字	01-2019-6313
经　　销	新华书店
印　　刷	北京市松源印刷有限公司
版　　次	2015 年 10 月北京第 1 版
	2020 年 9 月北京第 2 版
	2020 年 9 月北京第 1 次印刷
开　　本	880 毫米 × 1230 毫米　1/32　印张 7.5
字　　数	124 千字
印　　数	0,001–5,000 册
定　　价	39.00 元

（印装查询：01064002715；邮购查询：01084010542）

致莎拉、贝卡和约翰

For Sarah, Becca, and John

目 录

为中文版写的序言　　马修斯　1
引言　开悟　1

一　哲学家的童年观　1
二　童年的理论与模型　15
三　皮亚杰和哲学　31
四　皮亚杰与守恒　47
五　道德发展　65
六　儿童权利　85
七　童年健忘症　105
八　童年与死亡　117
九　儿童文学　139

十　儿童艺术　　　153

致　谢　　175
附录　哲学乃是童年的理性重建　　177
译后记　　205

为中文版写的序言

我还是个五岁的孩子时，和我的一个朋友一起挖地，我们自以为挖了个很深的洞，计划是要挖成一个游泳池。

我还能记得当时我们很好奇：要是我们继续不断地挖下去，我们将挖到哪里？

"你将挖到中国"，我被告知。我们一直挖就能直达中国这个念头引起了我的兴趣。

我确信当我童年时和朋友一起挖的洞实在并不很深——可能仅是一米，当然不可能超过两米，现在引起我兴趣的想法是什么？是我作为当年挖地时绝不可能做到的事，那就是我的关于儿童哲学思想的著作，将在中国出版。我希望这将有助于引起新的重视，如果不是为了发掘，至少是为了幼童的思想。

加雷斯·B·马修斯

于麻省阿默斯特

引言　开悟

那是1963年,我第一次将哲学与童年联系起来。我家的猫当时生了跳蚤,我对家里人说要去地下室,用熏烟的办法给它灭跳蚤。我大女儿莎拉才四岁,问我能不能同意让她跟去看看。我勉强同意,但有个条件,那就是她得站在楼梯的高处,以免吸入灭跳蚤的烟尘。

莎拉站在楼梯口看我灭跳蚤,兴致很高。过了一会儿,她问:"爸爸,猫身上怎么生跳蚤的呀?"

"噢,"我漫不经心地回答,"它肯定跟另一只猫玩过,跳蚤就从那只猫身上跳到这只猫身上了。"

莎拉想了想。"那只猫怎么生跳蚤的?"

"噢,那只猫肯定跟别的猫玩过,"我自以为巧妙地回答,"跳蚤蹦到那只猫身上,又从那只猫身上蹦到咱家猫的身上。"

莎拉顿了顿,较真地说:"可是,爸爸,跳蚤从这只猫身上蹦到那只猫身上，再蹦到别的猫身上，不能这样蹦个没完吧。只有数字才数个没完。"

这件事发生时，我正在明尼苏达大学教哲学。我所教的几门课里有一些公认的话题，其中之一就是力图证明上帝存在的宇宙论论证（the Cosmological Argument）。这一论证必须排除原因的无穷回归，以便证明"第一因"的存在。圣托马斯·阿奎那异常镇定地让我们相信，"第一因"就是我们大家所称的"上帝"。记得当时我心说："我在教大学生们'第一因'的论证，可我四岁大的女儿独自提出了'第一跳蚤'的论证。"

那个时候我对发展心理学还所知甚少。噢，不过我对让·皮亚杰（Jean Piaget）还是知道一点点的。我曾听过他的讲演（是法语讲演！这对我可是个挑战），当时我还是哈佛大学哲学专业的一名研究生。我当然知道皮亚杰著名的守恒实验。但那时我还不知道皮亚杰理论根本不关注我年幼女儿所进行的此类哲学思考。按照皮亚杰的理论，她还处于"前运算思考"（pre-operational thought）阶段的前期。

我还记得，在聚会时我经常时不时地谈到莎拉和跳蚤的故事。但我可没有想到有一天，我会把它当作实例，来揭示这样一种观念：正如莎拉一样，许多幼童会自然地自发地进行哲学思考。当然，我当时尚未意识到哲学与童年之间存在许多关联。我希望此书能提出并讨论这些关联。

跳蚤事件过去六年之后，我在马萨诸塞大学得到了教职，所以我们举家搬到美国东部。我到马萨诸塞时刚巧发生了所谓"学生动乱"（我认为简单称为"学生动乱"是相当勉强的）。我新到的这所大学不断发生罢课、炸弹威胁和数不清的游行。我自己是非常反对越南战争的。所以，尽管我从学校已经毕业十年，我依然参加了一些"学生动乱"活动。我不止一次地挤在满是抗议者（大部分是学生）的大巴上，去华盛顿示威抗议。

这时候，我注意到我哲学课上有一个现象逐渐让我开始烦恼。我的一些学生向我表示怀疑：哲学是"权势集团"转移高校学生（尤其是男生）注意力的一个阴谋，它试图让学生的注意力从越战所引发的生死攸关的问题转移到哲学上。并非我的所有学生都在怀疑，但一些最引人注目的学生是有这种怀疑的。

怎么会有人怀疑我心爱的哲学是权势集团的阴谋？我很伤心。我不知道如何回应。人们该怎么处理这类怀疑呢？

幸亏有新泽西州蒙特克莱（Montclair）儿童哲学促进中心的马修·李普曼（Matthew Lipman）及其同事的开拓性工作，哲学现如今已经进入从幼儿园到高中的学校课程。可是二十年前，在反越战的那个"动乱"年代，哲学几乎只是高深的大学学科，而学生在上大学之前是不大可能接触哲学这类课程的。任何对"权势集团"哪怕有一点点怀疑的人，都可能发现这样一类课程安排有些居心叵测。

至于我个人则相信，哲学确有部分内容，可以帮助学生对战争与和平问题思考得更有深度和更加清晰，但有更多的内容不能提供这种帮助，至少不能直接帮上忙。我并不想将我对诸如笛卡尔"我思故我在"或阿奎那的"宇宙论论证"的讨论，硬与诸如正义战争理论或者道德限度问题扯上关系。

有天夜晚，我给我儿子约翰（当时三岁左右）讲一个睡前故事，我蓦然想到这篇故事所引发的哲学议题正是我计划在次日要与大学生讨论的。因而第二天我便将故事带到课堂上。上课伊始，我阅读了从家里带来的这篇故事。（我已记不清这篇故事的题目，但有可能是詹姆斯·瑟伯 [James Thurber] 的《许多月亮》[*Many Moons*，已出中文版译为《公主的月亮》]，我的孩子们全喜欢这个故事。这篇故事异想天开地谈及感知的错觉，尤其是月亮外观上的大小尺寸。）"你们还能记得小时候对这一问题的思考吗？"读完故事后，我问学生。随后我接着说："如果你们还记得，今天这堂课就给你们一个机会回到我们熟悉的童年世界。"

我的目的当时是，现在依然是，让学生相信哲学是一项自然的活动（a natural activity），正像做音乐和玩游戏那样的自然。即便到了今天，我依然时常遵循这一做法。可以肯定的是，哲学研究有些实际的功用。它对于诸如法律之类的职业提供清晰的思维和强有力的推理。不过，正如诗歌一样，哲学也是它自身的报偿。

我当时是在争取越战期间那些愤世嫉俗者的支持，在这件事上我不敢确定自己有多成功。但我的确清晰意识到这样一个事实，那就是，有一连串重要的儿童文学作品真正地具有哲学气息。有人愿意听，我就喜欢讲，例如，艾诺·洛贝尔（Arnold Lobel）的《青蛙与蟾蜍——好伙伴》（*Frog and Toad Together*），这本书文字简单流畅，以至于可以归类为"我能自己读"（"I can read book"）系列图书，却是地道的哲学经典（见第九章）。

我慢慢地意识到哲学与儿童存在着关联，下一个步骤自然而然是写一篇哲学与儿童文学的论文。在一位朋友的催促下，我向美国哲学学会太平洋分会的会务组提交了一篇论文，它被会务组录用。我在旧金山向一大群与会的哲学家宣读了这篇论文。多少有些出乎意料，我发现不只是小学教师，甚至于其他的哲学专家对我揭示的哲学与儿童文学之间的联系兴趣盎然。于是，我开始非常有兴趣探究儿童的哲学思考。儿童哲理故事的作者们也是痴迷于儿童的哲学思考的。那又让我想起莎拉和跳蚤的故事。

终于我写了《哲学与幼童》一书（哈佛大学出版社，1980年），该书的主要论题是这样的：一些儿童自然自发地提问、评论甚至推理，而哲学专家们会认为这些均具有哲学意味。在该书的开始部分，六岁的蒂姆（Tim）问："爸爸，我们怎样才能确定这一切不是一场梦呢？"这一时刻，他便提出了最古老也最让人萦绕于心的哲学难题之一。"如果这是一场梦的话，那我们是不可能对一场梦做出提问的。"蒂姆后来用这一推理来说服父亲，他对这一问题的解答与柏拉图和笛卡尔的解答大有可比之处。

我的非正式研究提出了这样的想法：如此自发的哲学探究在三岁至七岁儿童那里绝非罕见，相对而言，年龄稍大的儿童（甚至八九岁的儿童）的哲学探究反而少见，至少是很少被提到。我的假设是：一旦儿童适应学校，他们便知道学校只期待提"有用"的问题。于是，哲学要么走入地下——或许这些孩子会隐秘地继续在内心思索而不与他人分享，要么便处于完全的休眠状态。

为了让稍大一点的儿童在成人有意激励的条件下，依然富于想象地、充满机智地回应哲学问题，我开发出了自己编写故事开头（writing story-beginnings）的教学技术。在故事开头，人物（主要是儿童）对一些哲学主题或问题充满困惑（故事中的成人也是如此）。譬如，弗雷迪（Freddie）登上一艘旧船，它的甲板有百分之八十五被替换过。在船上参观期间，弗雷迪为自己能走在"最古老帆船"的甲板上感到自豪。但他姐姐听到原船甲板的大部分被一片一片地替换过，便对弗雷迪的自豪感给以嘲弄。"有百分之八十五的甲板是全新的，就很难再说它是一艘老船，再也别把它当成最古老的帆船啦。"她嘲弄地笑着说。我就以这样的怀疑论哲学表述作为我故事开头的结尾。

我带着写好的这类故事开头走进课堂。我问孩子们怎样继续编创这一故事。故事所提出的时间延续中的同一性问题（the vexing questions of identity through time）是令人困扰的，可他们毫不犹豫，对这一问题热火朝天地进行讨论。原有的那部分在时间延续中逐渐被以新换旧，于是他们将旧船与同类情况的自行车或小汽车作比较。他们甚至讨论起自己身体细胞的新陈代谢。他们很快就提出，应以容易识别的部位作为一艘船、一辆自行车、一辆小汽车或人类身体在时间延续中存在的必要条件。

一名儿童可能会说，当超过一半的船板换新以后，船就变成新船了。另一名儿童可能认为，只要最后一块旧船板还在船上，这艘船依然是旧船。还有儿童会认为，只要有一块船板被换掉，船就是新船。有人则认为要让这艘旧船保持自身的持续性，基本条件是关键部位不能换，或许是龙骨，也可能是桅杆，或者是船舵。有的人则满意于这样的条件，即只要船板的更新是逐渐进行的，并且船继续在熟悉的路线航行，那么船就依然是旧船。

我在国内外的不同学校里使用过编写故事开头的教学技术（story-beginning technique）。我的《与儿童对话》（哈佛大学出版社，1984年）一书就记录了我在苏格兰的一所音乐学校给八岁至十一岁儿童上课时成功使用该教学技术的经历。该书也是以儿童的声音（和心灵！）体现哲学的一部引论。

到目前为止，我谈了儿童就是哲学家这一话题。人们可能从这一话题得出也许存在童年哲学这门学科。怎样会产生这种想法的呢？

幼童（至少是大多数幼童）天生便具有哲学思维，这似乎令成人感到惊异。对成人的惊异进行反思，是我自己认为童年哲学应当是一门学科这一想法的起点。我问自己，我以往所接受的有关儿童和童年本质的什么观念，让我对儿童会自然自发地亲近哲学这一发现感到惊异呢？或许儿童的想法自身在某种程度上是难以捉摸的、充满问题的，我过去从未赞赏也从未停下来细想一番。

在我的《与儿童对话》一书出版的四年前，马修·李普曼就曾在美国哲学学会的年会上提出，我们可以考虑将童年哲学与宗教哲学、科学哲学、艺术哲学、历史哲学以及许多被人熟知的大学课程里的"某某哲学"科目相类比。

正如人们常常谈论关于上帝、量子物理学、什么算是艺术品或特定历史事件的原因等各种各样具有哲学问题的事物，他们也会谈及关于童年的具有哲学问题的事物。于是，马修·李普曼的建议究其实质就是，我们哲学家应当好好地将注意力转向诸如此类的问题：

> 做一个儿童是怎么回事？
> 儿童的思维方式如何不同于"我们的"思维方式？
> 幼童具有真正利他的能力吗？
> 儿童可以获得与父母"脱离关系"的权利吗？
> 儿童的一些艺术作品与某一著名现代艺术家的"简笔画"（stick figures）或油彩斑点画（blotches of paint）相比，在艺术或审美上的感觉是一样的吗？
> 成人为儿童写作的文学作品，正因为是成人所写，就得是假的吗？

我还记得，起初我反对马修·李普曼的倡议，但很快我便接受了。1985年，我指导了一场题为"童年哲学诸议题"的高校教师暑期研讨会，1988年我又指导了一次。两次研讨会均由"美国国家人文学科基金"（NEH, National Endowment for the Humanities）赞助。我仔细地选择题目，有意让人觉得我只是简单地从已被接受的研究领域选择常规讨论主题，旨在为了避免向"美国国家人文学科基金会"做一番论证工作，即论证童年哲学是学术研究的一个合法的学科，类似于心灵哲学、数学哲学等学科。

这两次研讨会每次各有十二名与会者，每个人都认为，将童年哲学作为合法的研究领域似乎没有任何困难。研讨会从思考我们的童年概念入手，我们发现童年是历史的、文化的，也是哲学的、值得讨论的。

首先，我们的童年概念可能是一项现代发明，因此，从历史上看，我们的童年概念是值得探讨的。在历史上，儿童被视为"小大人"（little people），他当然吃得比"大人"（big people）更少，能干的活也较少，但没人想到去区分他们能领受不同于成人的任务，或者区分他们的思维方式、行为方式与成人有何不同。

其次，童年概念在不同的文化里有不同的理解，因此，从文化上看，童年概念是值得探讨的。美国人类学家玛格丽特·米德（Margaret Mead）告诉人们，在一个太平洋岛屿文化里，各种故事是为成人而不是为儿童创编的。在这一文化里，童年远非处于一个童话的、想象的世界，而是一段务实的乏味的时光。

最后，儿童和成人是不同的人类存在方式。如何说明这种不同，这是真正的哲学难题。因此，从哲学上看，童年概念是值得探讨的。

在这两次"美国国家人文学科基金"的研讨会上，我们所讨论的主题便是本书以下各章的内容。我们谈了理解"做儿童是怎么回事"的可行路径，包括个体人的发展是对人类种系发展历史重演的理论（见第二章）。我们讨论了儿童认知发展理论，尤其是让·皮亚杰的儿童发展理论（见第三章和第四章）。我们讨论了道德发展理论（见第五章）。我们讨论了儿童艺术（见第十章）和儿童文学（见第九章）。当然，我们还讨论了儿童权利（见第六章）。

其实，在以下各章中，只有"童年健忘症"（第七章）没有明确列入研讨会日程。但是，这一主题还是不经意间在讨论中浮现出来。我们没有一个人能回想自己曾是怎样的一个小小孩，这是幼年何以如此神秘、如此扣人心弦的部分原因。

由此可见，我对马修·李普曼的建议已经心悦诚服。对我来说，这是相当清晰的：童年，包括人们对童年的观念和提出的关于童年的理论，的的确确值得在哲学层面上检查和批评。于是，在曼荷莲女子学院（Mount Holyoke College），我第一次教了这门以"童年哲学"为题的课程。

在本书中，我并不试图对"童年哲学"这门学科可能涵盖的内容做全面阐述。我只是对属于童年哲学这门学科的一些议题提出我个人的回应。但是，我提出"一门"童年哲学学科（其实可以说是提出我自己的童年哲学），是希望它成为学术研究、写作和教学中的一个地地道道的领域，并确保它在未来的哲学课程中占有一席之地。

一 哲学家的童年观

A philosopher's View of Childhood

"你们认为时间有开端吗?"我向十几个三四年级的孩子发问。这些孩子是我在马萨诸塞州牛顿市组织的一个哲学讨论小组里的成员。(我们曾试图写一篇时间旅行的故事。)

几个孩子回答说:"没有。"

这时,尼克说话了。"宇宙是一切事物和一切地方,"他稍作停顿,"如果有一个巨大的爆炸或其他东西,那么这种巨大的爆炸要作用在什么地方呢?"

尼克的问题也是久久困扰我的问题。我听过著名天体物理学家和宇宙起源专家关于宇宙起源"大爆炸"理论的许多讲座,都没有解决尼克在这里直截了当表达出来的困惑。

参加这次讨论时,尼克刚满九岁。小组里的其他成员,年龄均在九岁至十岁半之间。

尼克不仅对宇宙如何起源这一问题很感兴趣,而且他还提出了一个形而上学的原则,这一原则要求我们探究宇宙万物(包括宇宙本身)的开端。他认为万物都有开端。正如他意识到的那样,这一原则把宇宙起源这一问题又重新提了出来。他不停地追问:"宇宙是怎样开始的?"

山姆说:"宇宙是一切事物都在那里出现的地方。其实它并不就是一切。它是其他事物在那里开始的地方。"

"这样说来,一直就有一个宇宙吗?"我问。

"是的,一直就有一个宇宙。"山姆回答。

"如果说一直就有一个宇宙,那么也就没有起始时间了。"我继续说。

"对于某些事物来说,还是有起始时间的。"山姆解释说,"但是对于宇宙来说,就没有起始时间。地球有起始时间,星星有起始时间,太阳有起始时间。但是宇宙没有起始时间。"

"你能向尼克说明宇宙一直就存在吗?"我问山姆。

山姆反问道:"宇宙要在哪里开始出现呢?"

"我也不知道。"尼克说。

我说过山姆的宇宙概念(一切事物都"在那里"出现)很像柏拉图对话录《蒂迈欧篇》中的"托载体"(receptacle)概念:"……一切创生的、可见的、以可感觉的形式存在的事物之始基和托载体,都未被称作土或气或火或水,或它们的混合物,或它们从中演化出来的任何元素……"(《蒂迈欧篇》51A)按照这一观点,宇宙本身并没有产生,只有其他事物在其内或其"上"演生。这就像这一小组里的另一成员罗斯后来在讨论中提出的看法——事物"在无边的黑暗中产生,而这正是宇宙,宇宙就是无边的黑暗"。

我已说过,山姆的宇宙观让人想到柏拉图的相关观念。但在某一方面,山姆的观念可能超出了柏拉图。托载体的观念就是一个容器的观念。容器将某些东西隔入,又把某些东西隔出。把东西隔入和隔出,就必须有边墙。山姆的"其他事物在宇宙之上出现"的宇宙观,是将三维实存投射为两维,但它允许我们设想"存在的根据"(ground of being)具有无限的边际。宇宙是有限的还是无限的,这一问题的答案是未定的。相较之下,柏拉图的托载体一定是有限的。此外,我们一定想知道,托载体边墙的本质会是什么,尽管柏拉图并未回答这一问题。

在讨论中,尼克从未放弃过万物都有起源(everything there is has a beginning)这一信念。但这一信念如何应用于宇宙自身,他却一直感到困惑。每次被问及宇宙在哪里首次出现,他都直率地回答:"这一点我也不知道。"当然,第一个对这一信念提出质疑的正是他自己。

许多人熟悉索尔·斯腾伯格(Saul Steinberg)的《纽约人》封面,它描绘了纽约人眼里的美国。曼哈顿岛是封面的中心,纽约市的其他几个城区也很醒目,尽管比曼哈顿要小。旧金山远远地出现在另一边。而在纽约与旧金山之间所画的内容就很少了。

哲学家的童年观有可能就是这样被歪曲的。在哲学家眼里，儿童坐在那里漫无边际、大而无当地讨论令人费解的问题，譬如："宇宙自身有开始吗？""有的话，它在哪里开始的？"虽然我在文章里声明，有些孩子有时候会这样做，但我不得不承认，这类活动并不是童年最明显的特征。

值得指出的是，我刚才记录的那种讨论依然可能发生，并且有时候真的发生了。为什么有必要指出来，至少有两个原因。其一，儿童的哲学思考在发展心理学家对童年的解释中给遗漏了。尽管哲学思考远非童年最显著的特征，但依然应得到适度的关注。首先，忽略儿童的哲学思考，会鼓励成人对儿童的那种不应有的居高临下的态度。如果山姆和尼克所面临的最可怕的智力挑战是学习英语动词的十二种时态或者动词"to be"的被动语态形式，思想家似的居高临下地面对这些儿童还有某些理由。但是，如果山姆和尼克能够以鲜明有力的形式向我们提出宇宙如何开始的种种问题，那么，至少在这样的背景里，儿童应当被视作我们的伙伴，我们应当与之共同努力来理解这些问题。

充分研讨幼童的哲学思考之所以重要，还有第二条理由，那就是，这有助于我们理解哲学。

许多哲学活动要求成人放弃认识上的自负。哲学家会问："时间究竟是什么？"而其他成人则会不假思索地认为，他们远远超出了需要提出这一问题的成熟度。他们也许关心这周是否有时间购物，或有没有时间买份报纸看看。他们也想知道时间，但从不会问："时间是什么？"圣奥古斯丁便看穿了这个问题："时间是什么？假如没人问，我就知道。但是如果我想向提问者解释，我就为难了。"（《忏悔录》卷11第14节）儿童提出的令人着恼的问题里，有些是真正让人为难的。大部分哲学就是成人试图回答真正让人为难的童年问题。

我不记得我是一个儿童时，曾自问过时间是什么。但我确实为世界的开端而困惑过。我五六岁时的困惑表现为如下问题："假如上帝在某个特定时刻创造了世界，可世界怎么仿佛是一直持续存在的呢？"

现在我知道，我提出的这个宇宙起源说的问题有点像圣托马斯·阿奎那的问题。像我一样，阿奎那接受了上帝创造世界的基督教信条，假设上帝是无中生有地创造世界的。（现在我并不知道"无中生有"是否属于我六岁时的神学体系。）可是，阿奎那也很推崇亚里士多德所作的世界是永恒的论断。于是，他不得不以某种方式调和以下两种理论：亚里士多德通过深刻推理所提出的"世界无开端论"

以及世界有绝对开端的"神创论"。

至于我自己——童年的我,我作了一个类比。我向母亲提问,可是并未得到具体的回答。我后来反而安慰她:"别担心,妈妈,我认为这就像人画的一个完整的圆圈。画的时候你在那里,你会知道起点在哪里。可你现在看这个圆圈,你就说不出哪里是起点了。这正像一个完整的圆圈,起点和终点是彼此相连难以看出的。"

现在五十年过去了,我向大学生教授亚里士多德、阿奎那的哲学,我努力在我自己和我学生那里寻找那个正在提问的儿童。不这样做,我们在一起所从事的哲学工作将丧失其紧迫性和思想精髓。

让我们回到正题:将儿童看作探究伙伴来尊重。父母和教师要担当养育、指导、安抚和激励儿童的重任,他们深知自己肩上重担的分量,以至于无法赏识儿童对成人的贡献。儿童给予我们的最激动人心的事情之一便是崭新的哲学视野。

让我们思考一下四岁的克莉丝汀的一个小故事。她在自学使用水彩。画的时候,她开始思考颜色问题。坐在床上,给爸爸说着话,她宣称:"爸爸,世界全是颜色做的。"

我刚巧认识克莉丝汀的爸爸,他想了解四岁女儿的想法。他喜欢克莉丝汀的假设，并予以积极回应。但他认定有一个难题，便问："玻璃怎么办？"

克莉丝汀想了一会儿，然后坚定地声称："世界是由颜色和玻璃一起构成的。"

正如任何优秀哲学家一样，克莉丝汀知道了不起的假说一旦遇到反例应当怎么做。只需把反例合并到假说里！

克莉丝汀的颜色假说不只是让人觉得新奇生动——至少是给她父亲的一份别致而奇妙的礼物，我想说，正像她向爸爸展示的每幅水彩画——而且还让人想起古代早期哲学家开创者米利都学派（Milesians）的思想。正像克莉丝汀，古希腊的米利都学派想知道万物是由什么构成的。泰勒斯（Thales）说"水"（他大概认为土是凝固的或结实的水，而空气是非常稀薄的汽），阿那克西曼德（Anaximander）说"有限的"或"不确定的"，而阿那克西米尼（Anaximène）说"气"。（与这些说法相比，我更喜欢克莉丝汀的说法。）

克莉丝汀后来的一件小事让人想起另一位前苏格拉底哲学家巴门尼德（Parmenides）。克莉丝汀当时五岁，正学阅读。她在学辨识音节，把它们读出来以便认读单词。她很得意自己的成功。

她又坐在床上跟父亲交谈，她评论说："我真高兴我们有字母。"

克莉丝汀的爸爸对她表现出来的欣喜有些吃惊,便问:"为什么?"

"因为,如果没有字母,就不会有声音。"克莉丝汀解释道,"如果没有声音,也就不会有单词……如果没有单词,我们就不能思考……如果我们不能思考,也就不会有这个世界。"

克莉丝汀的连环推理是惊心动魄的。它让人想到巴门尼德谜一般的残篇"思想和存在是同一的"(to gar auto noeinestinte kai einai)。这句话可以被理解为"只有被想到的,才存在"。那么,如果接受克莉丝汀有趣的假说(1)没有单词,什么都不能被想到,(2)没有字母,就不会有单词,那么,我们就得出了迷人的结论:"没有字母,就不会有世界。"

克莉丝汀的两件小事都表明,儿童的思考对于亲耳听到的父母或教师是无价之宝。这两件小事也让我们有理由认为,哲学在某种程度上,是成人对童年问题的回应。

童年研究在 20 世纪有惊人的发展。以下两种观念成为我们这个时代童年研究的核心方式。其一,儿童是发展的,并且发展是成熟的过程。就某方面来说,成熟显然是一个生物学过程。儿童会长高,腿和臂会变长,婴儿脸会长成大人的脸,乳齿会掉落并长出恒齿,等等。但成熟也是一个心理过程和社会过程。婴儿的说话,婴儿的思考,婴儿的行为,会被幼童继而被大龄儿童、少年并最终被成人的所取代。

近年童年研究的第二个核心观念是,成长发生于可识别的一系列"阶段"。学校教师能够证明,儿童所体验的生物学成长阶段只与他们的实际年龄大致相关。于是,一个儿童在既定的班上会鹤立鸡群,而另一个儿童只是达到全班的平均水平。可是,生物学的成长与智力的、社会的成长类似,至少是与年龄大致相关的。将成熟的观念和那依年龄排定发展阶段顺序的观念放在一起,我们将会得到这样的儿童发展观:儿童发展是具有可识别阶段的成熟过程,而可识别的这些阶段落入了至少与年龄大致相关的一个顺序。

成熟过程显然有一个目标,其目标就是成熟。早期的阶段会被后起的阶段所取代,于是人们便会自动地设想,早期的阶段不如后起的阶段令人满意。于是,儿童发展的"阶段/成熟模型"(stage/maturational model)在童年研究中被毫不怀疑地接受下来,而建立在这一观念上的评价会导致偏见。在未做任何研究的情况下,发展的阶段/成熟模型保证,一个标准的十二岁儿童无论其生理的还是心理的结构,都比此前(譬如六岁)的结构更接近理想。

在许多人类发展的领域，这一评价偏差似乎还说得通。我们不想让成人甚至少年用婴儿的牙齿咀嚼成人尺寸的牛排。但一旦说到哲学，这一设想就用错了地方。有这么几种理由可以予以说明。

第一，不能仅仅依靠某种标准方式的成长就假定，青少年或成人自然而然地拥有处理哲学问题适当的成熟水平，譬如，有能力讨论"时间是否有一个开端"或"某些超级计算机是否可说拥有心智"。

第二，对于听到幼童的哲学评论和提问的任何一个人来说，这些评论与提问的清新和创意，甚至最有想象力的成人也难与匹比。清新和创意并不是做好哲学工作的唯一标准：训练有素和严谨缜密也很重要。不能指望儿童像成人那样训练有素、严谨缜密。可是，清新和创意在哲学上就像在诗歌里一样，依然是被格外看重的。

在《哲学与幼童》一书的开端，蒂姆提出了这样的问题："爸爸，我们怎样才能确定这一切不是一场梦呢？"最近，我请一班大学生书面回应这一问题。我班上一位母亲回忆起她三岁半的女儿曾问："妈妈，我们是'现场直播'的还是录像的？"儿童的这个提问与梦这个老问题非常相似。但它也是一个清新可喜的新问题，在电视发明以前，在录放机发明之前，是不可能想出这个问题的。

梦的问题的一些特征也会出现在录像的问题里。于是，正如我可能会认为自己在梦里是醒着的，当我在梦里看录像的时候，屏幕上会有"现场直播"的字样。但录像的问题会有一些新特点。与梦的问题不同，录像的问题尝试提出，我们的生活已经录在磁带上，只是有待播出。

可见，儿童常常是清新的、有创意的思想者。相伴成熟而来的却是僵化呆滞和缺乏创意。这是反对"阶段／成熟模式"所导致的评价偏见的第二个理由。

第三，笛卡尔教导我们，做哲学要"重新开始"。于是，我不认为老师所教的就一定是正确的，也不认为我周遭的社会看起来所接受的就一定正确，我要创造新起点，看看是否仅凭我自己的一些手段，我便真正知道我自以为知道的东西。正如大学生在第一堂哲学课上很快学到，去除成人的成见是多么不易，即便让他只是暂时放下，即便只是为了一个清晰限定的目的。也就是说，对于成人来说，放弃成见相当不易。儿童对问题的成见就少多了。所以，听从笛卡尔试图"重新开始"的成人哲学家们试图以某种特定的方式返老还童，即便只是暂时地变成幼童。这对成人来说很难，而对儿童来说是不需返老还童的。

"重新开始"并不是哲学工作的全部，绝对不是。但是，学会轻松愉快地对待"天真"问题，是做好哲学工作的重要部分。基于这一理由，再加上其他两种理由，当涉及做哲学时，"阶段/成熟模型"的评价假设把事情全搞错了。

正像《纽约人》封面上的美国鸟瞰图一样，我将儿童视为小小哲学家的观点也是一种扭曲。但是，传统童年观认为，童年就是经过一系列与年龄大致相关的阶段、以成熟为目标的发展；这种童年观也是一种扭曲。有时候，似乎纠正扭曲的最好方式就是，用反向的扭曲来矫枉过正。在处理这件事上，我希望这样做是对的。

二 童年的理论与模型

Theories and Models of Childhood

我们这代父母养育孩子,手上都有本翻破了的本杰明·斯波克(Benjamin Spock)的《斯波克育儿经》(*Baby and Child Care*),我们两口子也不例外。在三更半夜孩子突发高烧时,你在书里看到斯波克医生写道:"在一岁到五岁期间,儿童可能会发烧至40摄氏度。"这时你心里就不再那么着急了。邻居家的孩子六个月大时还未长牙,让他读读斯波克医生所写的,他一定就会放下心来:"一个婴儿三个月大时会长牙,而另一个直到一岁时才长,二者均是健康的正常的婴儿。"①

然而,在题为《你家婴儿的发展》一章的开始,斯波克医生用了稍稍不同的语气,似乎他正斜靠在旋转椅上论说宏大的主题。这一章的开篇第351节用粗体写着"儿童重演人类种系的整个历史"。第一段写道:

> 世上没有比观察儿童的发育成长更迷人的了。起初你会认为发育只是长得更大。其后,随着儿童开始做这做那,你会认为发育成长就是"学把戏"。但它比

这真的更复杂,更富有意义。每个儿童的身心都在一步步地重演人类的整个历史。婴儿在子宫里开始生长时还只是一个单一的微小细胞,就像在海洋里出现的第一个生命体一样。数周之后,他躺在子宫的羊水里,像鱼一样长出了腮裂。快满一周岁时,他学会用脚攀爬,这是在庆祝人类祖先在几百万前年用四肢爬行。也就是在这一时期,婴儿学习纯熟而优雅地使用自己的手指。我们的祖先发现,用手可以做更多比行走更有用的事,于是直立起来。儿童六岁后放弃了对父母的部分依赖。他把适应家庭以外的世界作为自己的事务。他严肃地对待游戏规则。他也许正在重演人类历史的那个阶段,那时我们的野蛮祖先发现组成更大的群落比游走于森林中的独立家庭更好。

斯波克医生在这里所谈论的内容远远超出其临床经验,也远远超出了任何医生的临床经验,更不能以此为依据来提出一个童年理论。他的理论是重演论,其口号是"个体发生是对种系发生的重演",即个体发展是对种系发展的重复。

重演论的理论要素可以追溯至古希腊前苏格拉底哲学。可直到19世纪才有人(德国生物学家恩斯特·海克尔[Ernst Haeckel])赋予此理论以复杂的现代表述。稍后,美国心理学家斯坦利·霍尔（G. Stanley Hall）在其经典著作《青春期》(Adolescence)中，对该理论做了一次最著名的表述。相信此理论的其他现代思想家有弗洛伊德、皮亚杰、卡尔·马克思的合作者弗里德里希·恩格斯——更别提本杰明·斯波克医生了！[②]

当斯波克医生就婴儿长牙或婴儿体温多高时需要看医生而提出建议时，我们似乎知道他在做什么。可是，当他提出一套童年理论时，我们也想知道：他在干什么？

我们可以接受或拒绝斯波克医生就婴儿长牙或大小便训练提出的建议。他的建议可能与我们自己的经验相抵触，或者与我们所信任的其他人所提出的建议相抵触。但是，有什么会引领我们接受或拒绝斯波克医生的童年重演论呢？而且，为什么我们首当其冲就需要一种童年理论呢？我们是否接受斯波克医生提出的童年理论，或是否接受其他某种理论，或根本就没有什么理论可供我们接受或拒绝，其间会有什么不同呢？

我们会"自然而然"（naturalness）地认为我们需要一套好的童年理论。在我尝试谈一点点上述问题的答案前，我想对这里的"自然而然"反思一下。我有次参观一所很好的中学，与那里的教师交流，看看他们是否可能与儿童一起做哲学。在讨论时，一位教师问我四年级学生的思维特点是怎样的。起初我觉得这位教师是在考我。我想，他自己就很熟悉四年级学生的思维特点，他只是想看看我是否也了解。然而，我很快就否决了这一猜测。

当我做了一两个试探性的评论后，形势让我感觉到滑稽可笑。这位提问的教师是一位经验丰富的四年级教师，而我从未教过四年级，连小学也未教过。真的，那时我的每个孩子都已经上过四年级，我只是偶尔与小学生（包括四年级学生）以小组的形式做过哲学讨论。这些经验与那位询问我的经验丰富的四年级教师相比，不能同日而语。我与小学教育专家或专业不沾边，我只是新手、外行。我作为大学生的老师，只是偶尔见到小学生，怎么能够告诉这位成天与小学生打交道的老师小学生是如何思维的呢。

我想答案是，这位教师已经习惯于认为，大学教授有种种关于儿童怎样思维、怎样行动以及儿童在这个或那个阶段像什么的"理论"。他如此习惯于接受专家的理论，以至于他很愿意设想，从某大学里来的小学教育外行能将他最熟悉的那些人的真实情况告诉他。

无疑，要了解童年理论，我们通常要求助于心理学家。但教育家也有他们的童年理论，正如人类学家甚至语言学家也有其童年理论一样，更不用提文化历史学家和政治科学家了。哲学家会对童年理论有所贡献吗？

正如我已经承认的，总起来看，哲学家对于儿童是什么这一问题保持出奇的沉默。但不可遽下结论说，哲学对于童年的理论探讨难有贡献。哲学过去全力专注于探讨空间、时间、因果关系、上帝、自由意志等方面的难题。事实表明，"儿童是什么"在哲学方面是有待探讨的。

关于儿童是什么的最简单理论即我们所称的"童年的小大人理论"（the little person theory of childhood）。[3]按照这一理论，儿童因为年幼，所以只是一个很小的人。儿童发展就是变大，这是一个人们可以接受的理论。正如斯波克医生所说的，"起初你会认为发育只是长得更大"。

很显然，儿童与成人之间往往有显著的尺寸差异。儿童一般来说比幼儿大，但比青少年和成人小。乍一看，外表呈现的大小差异是无伤大雅的。这意味着，与我们大部分成人不同，儿童是由"巨人"包围着的，这些"巨人"会弯身与他们交谈，甚至坐在地板上处于同一高度跟他们交谈，大多数"巨人"会喜欢这种居高临下的优越感。

儿童周围的人造环境大都不适合他们的身高。儿童难以碰到电灯开关甚至门把手，更别提门铃（或饼干罐）了！给儿童的这些信息是明白无误的："你还不算一个完全的社会成员。"

二 童年的理论与模型

此外，儿童的尺寸是持续变化的。尺寸话题其实是成人与儿童谈论或成人间谈论儿童的一个公共话题。"天呐，你长大了！"成人这样说，而儿童显得局促不安。在这方面，儿童与大部分成人是不同的。大人会变胖，怀孕，头发变灰变白，生皱纹，有的男人会掉头发。但对成人来说这通常没事，有时会更好，会被认可，甚至过了很长时间"看起来没变"。相比起来，儿童一直在变，尤其是尺寸上的变化非常明显。儿童的外观不应持续地保持不变，他们需要长大。作为自然进程，今年的裤子很快就嫌短了，而去年的鞋子已经嫌小。

在奇特的儿童故事《崔弘的萎缩》(The Shrinking of Treeborn)中，主人公崔弘开始萎缩，而不是长大。④崔弘的父母和老师给予崔弘明确的信息，他做错了。他不能像正常孩子那样长大。

儿童比同龄人长得太快或太慢，常常让人感到有什么地方不对劲，甚至是他们在做什么错事。不只是儿童的尺寸在变，而且儿童成长的正常"速度"也在变。

至此，我们说到，儿童是正在成长的小大人——比幼儿大，比青少年小。仅止于此吗？我们如何让童年理论更有趣更复杂？

我们不能只从"长大"的观点来考量成长。我们还尤其需要考量认知、情感和社会性的发展。

17世纪的哲学家们曾争论，我们成人最重要的那些观念到底是天生的，还是从幼年起在经验中出现的。理性主义者（如笛卡尔）认为是天生的，而经验主义者（如洛克）则认为来源于经验。以下这段文字是笛卡尔对母亲子宫中的一个胎儿思想的沉思：

> 这并不意味着我相信，婴儿的心灵在母亲子宫里便沉思形而上学。……看来最合理的想法是，与婴儿的身体重新联合的心灵完全专注于觉知或感受疼痛、快乐、热、冷以及其他也从身心的联合与混合中生成的类似信息。虽然如此，但是这个心灵自身有上帝的观念和它自身以及一切所谓自明的真理；成人也以相同的方式拥有这些真理而毋庸习得。这些观念不是后来获知的，而是长成的。

持经验主义立场的洛克则如是说：

> 让我们假设心灵如我们所说的白纸，上面没有字迹，没有观念：——其中的内容从何而来？其中从人的想象里所产生的巨大容量且无穷多样的信息从何而来？

> 其中理性的和知识的材料是从何而来？我的回答只有一个词，从"经验"（EXPERIENCE）而来。⑤

内在主义（innatism）和经验主义（experientialism）的争辩持续至今，尽管所用的学术语言有些变化。当今主要的经验主义者是行为主义者，最著名的是斯金纳（B. F. Skinner）。行为主义者不同于洛克的地方，在于他们完全抛弃了对我们心灵中的具体内容的一切兴趣。他们将心灵视作"黑箱"，而不是一张在上面"写入"经验的"白纸"。按照行为主义者的说法，经验是通过操作性条件反射（operant conditioning）"写入"人类和其他动物有机体的。或者换一个比喻来说，"操作性条件反射对行为的塑造，就像雕塑家对一团泥巴的塑造"⑥。

当今最著名的内在主义者是语言学家乔姆斯基（Noam Chomsky），他提出，所有人天生拥有"内设的"普遍语法结构。乔姆斯基的学术风格可以从他所说的"柏拉图问题"（Plato's problem）辨识出来。所谓柏拉图问题，即解释为什么在我们所获证据十分有限的情况下，我们却能知道得如此之多。"在我看来，语言研究的主要兴趣，"乔姆斯基写道，

> 在于这一事实，即语言研究为某一领域的柏拉图

问题提供了研究进路，这一领域能被较好地限定，但对调查和研究保持开放，同时深深整合于人类的生活和思想。如果我们能发现进入特定认知系统、语言能力建设的原理方面的信息，我们至少可以为解决柏拉图问题某一特殊的、重要的案例而取得进展。我自己的信念是，这种原理在其至关重要的方面是专属语言官能的，但这一研究进路在其他地方也肯定具有启示意义……⑦

内在论者认为，人类个体发展中的基本认知结构是不会发展的，尽管这些结构会从仅仅蛰伏的状态到逐渐地展现。于是，我们就可以将乔姆斯基等内在论者与重演论者做出相当清晰的区分。对重演论者来说，结构自身如同日本花卉（Japanese flowers）⑧：它们在童年便展开。此外，它们展开的方式会重复人类种族在历史上进化和发展的方式。

经验论者、内在论者和重演论者对于童年的看法会有什么不同呢？首先，我们必须承认，如今无人能提出发展心理学家、人类学家、语言学家和教育理论家都赞同的包罗万象的童年理论。我们能做的，就是提出数个理论模型以可限定的方式来指导研究，为理解数据资料提供帮助。一些理论模型分别处在内在论者、经验论者或重演论者的旗下。另一些理论模型则不只是处于一个范畴，有的甚至兼备一种以上理论取向（例如，性理论或人类人格理论）的几个方面。以皮亚杰为例，他试图兼备我提到的所有三种理论模型⑨，弗洛伊德则将重演论模型与他自己的人类性理论结合起来⑩。

理论模型能帮助我们促成我们本来难以形成的思想上的联系。只要我们具有可选的理论模型，每种模型都有用，任何一种都不能明确无误地胜出其他模型。我们需要清楚地看到，一个既定的模型会让我们忽略什么、误解什么，以及这一模型有助于我们更好地理解什么。

再看看本章开篇即谈论的重演论模型。斯波克医生借助重演论模型，指出婴儿"一步步地在身心两方面重演人类的全部历史"，鼓励我们着迷于婴儿的成长发展方式。若以此礼赞他人孩子的成长和发展，倒不失为一个好方法。

重演论模型对于科学研究者和父母都具有启发和帮助。伊丽莎白·贝茨（Elizabeth Bates）在她一篇文章《符号的生成——个体发生与种系发生》中解释，语言的特定"元件"（模仿、工具使用、共享客体信息资料的社会动机）如何在种系发生中分别进化，语言习得之前的婴儿发展如何被视为重现进化的顺序。⑪

相比之下，近期的一种以经验主义模型为基本立场的研究表明，婴儿在六个月大之前便能学会区分周围环境中语言的基本发音。按照这一研究，在生活环境里经常听到英语的婴儿在六个月时能够区分"la"与"ra"，而经常听到日语的婴儿则不能做出这种区分。⑫

内在论模型在各种向度上指导着其他研究。在一篇题为《婴儿语言学习的认知基础》的论文中，约翰·麦克纳玛拉（John Macnamara）提出证据："婴儿学习语言，首先是不依赖于语言而确定言说者打算传递给他们的语义，然后估算语义与听到的语言表达之间的关系。"麦克纳玛拉认为，婴儿能够这样做，肯定已在神经系统内建了一种心灵语言（a mental language）。他相信，婴儿在已经习得的自然语言（譬如英语、挪威语或汉语）中所表达的正是这种内在的"心语"（mentalese）。⑬

相比于理论引导的原则，我更想强调另一项道德原则。儿童不只是研究的客体，他们与我们一起，也是康德所谓"目的王国"的成员。对儿童好奇不会有错的，当然了，我们应当对他们的教育和福利有责任心；但首要的是，我们应当对儿童保持尊重。而这正是我们有关理解他们的理论模型可能非人化他们，并不适当地引导成人以屈尊俯就的态度对待他们的地方。

让我们看看荣格（Carl Gustav Jung）的重演论观点："童年只是一种过去的状态……儿童生活于前理性的尤其是前科学的世界，在我们之前生存过的人们的世界。"⑭这里有一个值得注意的观点，即儿童生活于前理性、前科学的世界。这一观点值得格外小心地对待。在既定的背景里，儿童的观念与你我的观念是相当不同的，这一告诫当然很好。但坚持说儿童生活于前科学的甚至前理性的世界，这就太自负、太傲慢了。

首先，幼童对现代科学世界的理解可能比大多数成人都要强。就以电脑或电子游戏机为例来谈谈吧。邻居家的儿童常来我家玩，他们的口袋里时常装着袖珍的电子游戏机。他们想向我解释，他们的小手指灵敏而有效地按在按键上会发生什么，可是哎呀，他们不能总是成功。我感觉，我是属于前科学世界的，当然是属于前电子游戏世界！

说到儿童是前理性世界的这种思想，或许皮亚杰比其他任何人更赞同这一点，他以生动的方式展示儿童的反应时常非理性得莫名其妙。（我们将在第四章深入探究这一论题。）可是，有时儿童又理性得甚至智慧得让人惊讶。请看下面的例子。

几年前，一位年轻的母亲在我结束谈话后告诉我一件事。她带四岁的儿子去看病危的祖父。这个男孩看到祖父情况很不好。（他一周后就去世了。）男孩在回家路上对妈妈说："人病得要死了，就像姥爷那样，他们会用枪打死他吗？"妈妈很震惊。"不会，"她回答，"警察不许的。"（妈妈的回答大约处于科尔伯格道德发展的前道德阶段，见第五章。）

男孩想了想后说："他们也许会用药杀死他。"

这个四岁的孩子很有可能看到或听到过，一些病重的或重伤的宠物或牲畜被枪杀以"解除它的痛苦"。为什么对姥爷就不能这样？他的类推是对的。这也是促使医生用致命的药剂解除重症病人痛苦的动因。这也是我们许多人赞成安乐死的动因。在某些情况下，安乐死在道德上是可以接受的，甚至就是道德义务。

从原则上说，我们对安乐死问题要谈多深都可以。我们当然可以拿出四岁儿童难以理解的道德理论和道德原则来讨论问题。不过我觉得，在我们的文化里，大多数安乐死的实例都可以用那个四岁幼儿完全能懂的方式来思考和执行。如果我的想法是对的，那么，这个例子可以作为反驳重演论者认为这个儿童正处于前理性世界的证据。

那位母亲不愿意跟孩子讨论安乐死当然会有很充分的理由，但不能将"他不懂"作为理由之一。重演论者认为，四岁儿童一定不可能理解善解人意的医生要给临终病人致命药剂，或者，四岁儿童一定不可能理解病人善解人意的女儿为什么会同意这么做,这个坏理由让大家接受科尔伯格所谓"惩罚与服从定向"的说法,让我们没有机会与儿童讨论如何处理临终亲人的伦理问题。

各种童年理论的发展模型可以刺激我们的研究,可以挑战我们对儿童的理解。这些儿童发展的理论模型可发挥许多有益的作用。但我们必须警惕,不要让这些儿童发展的模型歪曲了儿童形象。在与儿童打交道时,也不要让这些儿童发展的模型限制我们愿意承认儿童是人类成员的种种可能性。

---

① *Baby and Child Care*, 3rd ed. (New York: Hawthorn Books, 1968), quotations from 457, 242. 目前已更新至第 9 版。参见中文版《斯波克育儿经》,此书被公认为 20 世纪最可信赖的育儿书。

② G. Stanley Hall, *Adolescence* (New York: D. Appleton, 1904). Stephen Jay Gould, *Ontogeny and Phylogeny* (Cambridge: Harvard, 1977). 斯蒂芬·杰伊·古尔德之《个体发生与系统发生》一书中有关于重演论的历史和评论的内容,相当值得一读。

③ "the little person theory of childhood"(童年的小大人理论)其中的"person"主要是以成人为参照系,这是因为这一理论是无视儿童存在的,而只是(也只能)将儿童视为"little person"(小大人)。——译者注

④ Florence Perry Heide, *The Shrinking of Treeborn* (New York: Dell, 1971). 菲茨杰拉德在其短篇小说《本杰明·巴顿奇事》中使用了一个类似的想法。

⑤ Anthony Kenny, trans. and ed., *Descartes: Philosophical Letters* (Oxford: Clarendon Press, 1970), 111. John Locke, *An Essay Concerning Human Understanding*, Vol. 1, Book 2 (New York: Dover, 1959), 121–122. 关文运译本《人类理解论》(商务印书馆 1959 年版)将此部分内容译为:"我们可以假定人心如白纸似的,没有一切标记,没有一切观念,那么它如何又有了那些观念呢?(洛克原文此位置有'Whence comes it by that vast store which the busy and boundless fancy of man has painted on it with an almost endless variety?'一句,

关译本漏译此句。)他在理性和知识方面所有的一切材料,都是从哪里来的呢?我可以用一句话答复说,它们都是从'经验'来的。"

⑥ B. F. Skinner, *Science and Human Behavior* (New York: Free Press, 1953), 91.

⑦ Noam Chomsky, *Knowledge of Language* (New York: Praeger, 1986), xx vi.

⑧ 我将此处的"Japanese flowers"译为"日本花卉"。日本有"花中樱为王"的说法,不知该书作者是否用"Japanese flowers"特指日本国花"樱花"。所幸这里将"Japanese flowers"译为"日本花卉"并不影响文本所传达的思想。——译者注

⑨ 皮亚杰著作的某些段落表明他是一位毫不掩饰、不知脸红的重演论者。在谈到他的"发生认识论"时,他写道:成果最丰富、最为人周知的研究领域将是对人类历史(史前人类思维的历史)的重建。不幸的是,我们对原始人的心理学所知有限,但是,我们周围到处都是儿童,通过研究儿童,我们拥有了最佳时机来研究逻辑知识、数学知识、物理知识等诸如此类的发展。("Genetic Epistemology," *Columbia Forum* 12〔1969〕, 4.)但皮亚杰又坚决认为,发展要由经验触发(经验主义模型),并且,无论是我们的发展还是我们祖先的发展,都要符合精神发展的"规律"。下面是谈论上一观点的一段话:"就我们而言,我们不相信儿童的思想与原始人思想之间可能的类似……是由于任何种类的遗传。精神发展的永恒规律足以解释这些趋同性……"("The Mental Development of the Child," in Jean Piaget, *Six Psychological Studies,* ed. David Elkind〔New York: Vintage, 1968〕, 27.)

⑩ 斯蒂芬·杰伊·古尔德在其著作《个体发生与系统发生》(*Ontogeny and Phytogeny*, Cambridge, Mass.: Harvard University Press, 1977, esp. 156-161)中,就重演论之于弗洛伊德的重要性做了很好的讨论。他引述了1915年弗洛伊德写给Sandor Ferenczi的一封信:"焦虑性歇斯底里——转换性癔病——妄想的神经症——早发性痴呆——偏执狂——抑郁症——躁狂……这一系列疾病似乎是在个人那里重演其历史起源。现在的神经症是从前的某些时段的人类疾病。"(第158页)

⑪ In W. Andrew Collins, ed., "Children's Language and Communication," *Minnesota Symposia on Child Psychology*, Vol. 12 (Hillsdale, N.J.: Erlbaum, 1979).

⑫ Patricia Kühl et al., "Linguistic Experience Alters Phonetic Perception in Infants by 6 Months of Age," *Science* 255 (1992), 606-608.

⑬ John Macnamara, "Cognitive Basis of Language Learning in Infants," *Psychological Review* 79 (1972), 1-13.

⑭ C. G. Jung, *Psychology and Education* (Princeton: Princeton University Press, 1954), 134.

三 皮亚杰和哲学

Piaget and Philosophy

皮亚杰有种特殊的天赋。他有本事想出具有以下三种重要特征的实验：

第一，能产生引人注目的结果。这些实验表明，儿童对实验情景的反应方式让我们吃惊，这是因为儿童的反应方式迥异于成人的反应方式。

在儿童都承认两个黏土球含有相同重量后，实验者将其中的一个压得非常扁，另一个只是轻轻地一压。实验者小心地问："两个还一样吗？"儿童欢快地回答："不一样。"然后指着那块更厚的泥巴说："那块更重。"

这样的结果让我们吃惊。我们被迷住了。

第二，这些实验可以重复。皮亚杰最著名的实验，诸如守恒实验，其实很容易重做。你不需要新奇的设备。你不需要选择"合适的儿童"，几乎所有儿童都行。你只需要准确地向儿童提出皮亚杰的问题——或者，至少在你的母语里用最贴近的语言来提问。但你不需要复杂的评分手册来记录结果，更不用接受特殊的系统培训来学习如何观察实验的进程。

三 皮亚杰和哲学

第三，实验展示了与年龄相关的顺序。儿童是多大年龄，这事关重大。一般来说，如果几年后你把同一个孩子带回来——不管在此期间发生了什么，只要时钟滴答作响了几年——这些儿童的反应就会有所不同。只要经皮亚杰稍微指点一下，我们就能从实验里看出，儿童目前所处的阶段与过去不同了。

只有第一流的天才能够想出全部具有或大部分具有这三个特征的诸多实验。用这三个特征自身来推销皮亚杰理论并不容易。或许更好的结果是，皮亚杰实验的这几个特征已足以让人们接受皮亚杰的认知发展理论的一般观念，尽管未能注意到这一理论的详细内容究竟是什么。请注意这是怎么回事。

第一，这些实验产生的引人注目的结果，轻易地向我们证明，我们自以为了解我们的孩子，但实际上我们一点儿都不了解他们。这些实验向我们证明，在许多重要的方面，我们对孩子是无知的。我们很快就会发现，整天与孩子在一起，并不足以了解孩子。我们需要一套关于儿童的理论。专家、理论工作者要告诉我们这些父母和教师我们孩子的真实面貌。皮亚杰引人注目的实验告诉我们的就是这样的信息。

在前一章我提到过一位问我四年级学生的思想是什么情

况的四年级教师，他显然就接受了这种信息。他是四年级教师，而我是高校教师。他整天与四年级学生在一起，我可没有。可他想让我告诉他，他整天与他们相处的学生是什么情况，或他们的想法是什么样的。或许在某地接受教师培训时，他了解到皮亚杰引人注目的实验并受其影响。也许是出于这一原因，他想请某个专家告诉他，他朝夕相处的那些孩子的思想过程与他所指望发现的很不一样。

第二，这些实验可以复制，这会让我们相信一定有科学深藏其中。我们会以为这些实验已实证了一套科学理论，就像我们的自然科学界的同事每天所做的可重复的物理学、化学实验那样在实证着那些理论。

第三，这些实验结果显示了与年龄相关的发展顺序，其结论必然是，认知发展是一个成熟过程，可类比于生物成熟过程。我们知道，教新生的婴儿走路是没用的。婴儿的骨骼、肌肉和神经系统首先需要成熟。皮亚杰的实验所得出的天经地义的结论是，除了在"适宜的年龄"，教小孩子任何事情都是不行的。心灵的骨骼和心理的肌肉也需要成熟。

本章不讨论皮亚杰实验的细节，也不讨论皮亚杰理论的具体内容所支持的观点。我想将皮亚杰理论的一般特征，与第一章自然而然出现的这一问题联系起来，即：儿童做哲学值得鼓励吗？先从成熟论的观点（the maturational point）来看，不同的年龄会依序对皮亚杰的问题有令人回味的不同的回答，不同的回答是与年龄顺序相关的，这即是成熟论的观点。这一观点自然使人发问：做哲学是认知上成熟的活动，抑或认知上非成熟的活动？如果是成熟的活动，那么自然而然，我们就不会期待任何一位认知上不成熟的人从事这一活动。更具体一点来说，我们不能指望发现，做哲学是童年的自然活动。第一章所提出的与此相反的证据便值得高度怀疑。表面上看，相反的证据应被划分为以下两类：（1）要么对资料过度诠释，即硬在幼童的话语中读出哲学；（2）要么是不能充分了解什么是真正的哲学，因而将明显的哲学评论与对真实事物的追问弄错了。

至于说到鼓励儿童做哲学，如果哲学是认知上的成熟活动，鼓励儿童做哲学将是没道理的，甚至会损害儿童，就像试图让新生婴儿走路一样。做哲学对儿童来说是一项在适宜年龄才能从事的活动（age-appropriate activity），当然不适合幼小儿童。

有这么多观点支持做哲学是认知上成熟的活动，但也可能会有人认为做哲学是认知上未成熟的活动。如果是那样，人们当然指望能发现儿童自然而然地去做哲学，不过"鼓励"儿童做哲学便没道理了，因为这是那种发展常态的事情，所以应当指望哲学从儿童心里长出来。（像我这样的职业哲学家,在某种意义上,只是永远也长不大的儿童。)

以上两种情况均不符合我们所知道的儿童或我们所知道的哲学。如果认为哲学是认知上成熟的活动,那么就可以假定,哲学在儿童身上既不是自然而然地就能发现的,也不是可鼓励的适合于儿童从事的活动。我自己曾提出证据(在《哲学与幼童》就有例证),一些儿童会自然地做评论、提问题,甚至做推理,而职业哲学家能认出,这些就是哲学的活动。在该书中,六岁的伊恩发现,来做客的父母朋友的三个孩子霸占了电视,让他无法看自己喜欢的节目,他向妈妈抗议,煽情地说:"为什么三个人自私就比一个人自私好?"他巧妙地完全改变了为这一案例中的利益最大化原则所做的功利主义辩护,即"让三个人快乐要比让一个人快乐更可取"①。

尽管伊恩的问题是由愤怒和沮丧所激发的,却是一个尖锐的哲学问题。这不是原哲学、准哲学或半哲学,而是真正的哲学,与职业哲学家在小组讨论、学术会议或相互间的非正式讨论所探讨的问题是同类问题。(在某些情况下,职业哲学家的哲学问题也可能是由愤怒或沮丧所激发的,也可能是为了寻找工作,而不是对智慧的纯粹的爱。)

在《与儿童对话》一书中,我也提出过证据,即便儿童(比方说在八岁至十二岁这一阶段)"社会化"到不再自然地做哲学,当成人富有想象力地向他们提出哲学问题,他们依然可以在有机会参与的哲学活动中有出色的表现。马修·李普曼及其同事所提出的"儿童哲学项目"(the Philosophy for Children Program)大获成功,他们所能提供的更多有说服力的证据,同样可以证明上述观点。

要说哲学是认知上不成熟的活动,这显然并不符合事实。说哲学具有拙朴天真的特点,这倒不假。但这是大智若愚,并非认知上不成熟。想一想第一章里克莉丝汀的生活故事。其中一件事是,四岁的克莉丝汀假设:"世界全是颜色做的。"在第二件事里,五岁的克莉丝汀对字母表达感激:"如果没有字母,就不会有声音。"克莉丝汀解释道:"如果没有声音,也就不会有单词……如果没有单词,我们就不能思考……如果我们不能思考,也就不会有这个世界。"如果孩子的这些哲学思索是不成熟的表现,那成熟又有什么了不起呢?

做哲学是认知上成熟的表现,还是认知上不成熟的表现?走出这一两难困境的方法是,有时是,有时非。皮亚杰自己经常指出,儿童在认知发展上是对西方哲学史的重演。这一重演论观点与前一章我讨论的斯波克医生的观点属于同一家族。但从宇宙这个大背景来看,他们所说的重演是对比较近的历史时期的重演。

按照这一观点，儿童起初是小小的前苏格拉底哲学家②，然后依次是柏拉图主义者、亚里士多德主义者、经院派哲学家、笛卡尔主义者，而后可能是英国经验主义者。我个人并不认为有证据支持这种普遍发展的重演论观点。但假定它能成立。关于成熟的问题并未解决，除非人们假定，哲学自身的历史揭示了一个成熟过程。可以肯定地说，没有充分的理由认定这是对的。我以为很容易论证这一点，即在任何合理的成熟度上，柏拉图与思想家奎因（Quine）、克里克（Kripke）、哈贝马斯（Habermas）、德里达（Derrida）是一样成熟的。

让我们再想想克莉丝汀日常的生活小事，我已经说过，克莉丝汀认为世界是由颜色构成的观点与人们熟知的前苏格拉底时期的米利都学派——泰勒斯、阿那克西曼德和阿那克西米尼——提出的"世界本原"观念至少存在一些类同之处。我也说过，克莉丝汀"没有字母就没有世界"的惊人推理与晚近的前苏格拉底哲学家巴门尼德存在联系。巴门尼德毕竟说过"想到的和存在的东西，是同一件东西"诸如此类的话。

即便我们认为巴门尼德是比米利都学派更成熟的思想家，然而，与说出"没有单词就不能思考，不能思考就不会有这个世界"的那个人相比，你无法找到一条明显的路径轻易就能在哲学上比他更成熟。这显然接近于绝对唯心主义，也接近于现代结构主义。克莉丝汀十二岁、二十岁、四十八岁时可能会断然拒绝这一推理，更有可能忘记了这一推理，取而代之的是对别的事物产生兴趣，但是，如果她这样做了，我们也不能解释说她已经变为更成熟的思想者了。

如何让儿童哲学适合皮亚杰引人注意的实验所揭示的认知发展故事，这一问题让人沮丧。人们可能会说，哲学跟认知发展根本没有关系。也许童年做哲学的兴趣和把哲学做好的能力，与认知心理学家感兴趣的能力是完全不同的两件事。

当然，我们可以将"认知发展"界定为指称皮亚杰著名实验所揭示内容的技术称谓。我认为，说哲学是处于认知发展外围的东西是对的，——无论认知发展被理解成什么，即无论这些著名实验会被如何解释。（譬如，结果可能是，儿童不同的回答很大程度上是不断推进的社会化导致的。但我在这里不想对此问题发表评论。）

上面的提议引发了一个明确的问题。我们作为父母和老师应当关注幼童的哲学思考，而不只是关注认知发展——认知发展是在哪里？已被简单地看成皮亚杰式的东西了吗？我自己认为答案显然是肯定的。但无论我正确与否，我们都无法受益于"哲学与认知发展毫无关系"这一微不足道的说法。

让我们回答四年级教师所提出的让我震惊的问题："四年级学生的思维特点是怎样的？"我认为，他认定我能告诉他一些关于四年级学生认知发展的阶段特征的有趣而有用的信息，或许我能详细介绍一些皮亚杰风格的著名实验结果，并给他一点理论帮他理解那些著名的研究结果。

我可能给人留下了这样的印象，那就是我作为哲学家所能做的当然不是这种事情。但其实我认为，哲学家能向非哲学家的父母和教师提供这样的服务，这种服务至少可以部分地相似于四年级教师想让我为他做的。

投身于研究深刻而稚拙的哲学问题的哲学家，可以帮助非哲学家的父母和教师识别和欣赏孩童所提的稚拙而深刻的问题。这并不是说，哲学家可以这样讲："你女儿五岁时，只要是发展正常，她就会关心外部世界。"或者说："你儿子七岁时，只要发展处于正常轨道，他就会专心于归纳法问题。"职业哲学家能做的是，收集幼童的哲学思考实例，将这些童稚的思想与哲学传统联系起来，帮助父母与教师认识儿童的哲学，尊重儿童的哲学，甚至参与其中，并适当地鼓励。

看看克里斯塔·沃尔夫（Christa Wolf）最近的小说《故障》（Stötfall）里的趣事。书中的讲述者是位老太太，

三 皮亚杰和哲学

她在跟女儿用电话聊天,谈到女儿的儿子,大概六七岁的一位小男孩。小男孩的妈妈先说,外婆(她即是书中的"我")后说。

"他成天骑着自行车在外面叫叫嚷嚷……回家就想生活中的各种问题。例如今天,他坐在马桶上隔着门问爸爸:'我的小眼睛怎么能看到浴室这个大门的?'"

"我的老天,"我说,"然后怎么了?"

"他爸爸当然就给他画了一个精确的图:有浴室门,有眼睛,还有光线穿过眼睛,通过视觉神经到达大脑的视觉中枢,大脑负责在观察者的意识里把小小图像放大,放大到浴室门的正常尺寸。"

"噢,这下他满意了吧?"

"你了解他的。你知道他说的什么?'我怎么确定我的大脑将浴室门放大到正确的尺寸呢?'"

"噢,"我停顿了一下,"你是怎么想的?我们能确定吗?"

"打住!"女儿说,"你也不省心!"③

尽管这事儿发生在小说里,可几乎可以肯定,这事儿来源于现实生活。故事中的小孩没有给起名,那我们就叫他卡尔。

卡尔担心的是,这么大的浴室门怎么能进入这么小的眼睛。这有点像我自己的儿子有次担心的事儿,我在《哲学与幼童》一书中也说过:

> 我正将我八岁大的儿子约翰的被子裹好。他看着我,冷不防地问道:"爸爸,我有两只眼睛,我每只眼睛都能看到你,为什么我没有看到两个你呢?"
>
> 我说什么?
>
> 首先,我要确信已弄明白是什么问题在困扰他。"你有两只耳朵,"我指出,"但没有重听,你感觉奇怪吗?"
>
> 约翰笑眯眯地说:"什么是重听?"
>
> "哦,也许就是我——我的声——声音听——听起——起来像——像这——这样。"我说。
>
> 他想了想:"可你的两只耳朵是通到同一个地方的。"
>
> "你的两只眼睛不也是通到同一个地方的吗?"
>
> 他变得认真起来,想了想,然后又是一副笑眯眯的样子。"你提的是另一个问题,"他抗议道,"我想思考我提的问题。"
>
> 有道理。于是我说:"或许是因为你左眼形成的影

三 皮亚杰和哲学

像与右眼形成的影像一起出来。这时它们一起形成一个影像。"

我们用两根手指做实验,一根靠近眼睛,另一根在远处。我们尝试先在一根手指上聚焦,再在另一根上聚焦。目的是想看看,聚焦在较近的手指上时,我们是怎么看到远处那根手指的重影的。反之亦然。这个实验要说的是,两个影像并不能总是变成一个,尽管常常会变成一个。

我儿子并不满意。结果他根据在学校学到的视觉和视网膜成像理论,以各种不同的方法,精心制作了一套复杂的理论。根据这套理论,一个影像穿过每只眼睛,翻转,再翻转,然后投射到主体前面。难怪他担心为什么我们看到的不是双重的。

我建议了几种方法来简化他的理论,但他不肯简化。"我会再想想,"他说,"我想通后再告诉你。"

约翰的老师就像卡尔的父亲,认为视网膜成像能解释视觉能力。但从笛卡尔、莱布尼茨以来直到今天,哲学家们已经指出,视网膜成像自身就有问题。我们有两个视网膜影像,可正常情况下我们看东西并没有重影。为什么?(这就是约翰所提的问题。)或者:好吧,就这样将影像投射到视网膜，其实只是一个很小的影像投射到视网膜，一个浴室门这么大的客体就是这样投射到这么小的眼睛里的。但是，大脑如何用小小的影像来算出真实尺寸的？它真能将事物的真实尺寸全算出来吗？（这就是卡尔所提的问题。）

我并不认为有一种特定的年龄，一旦儿童到达这个年龄便会自然地发问："为什么我们通常并不（双眼）重视？"我也不认为有什么标准年龄，儿童会提问："人所看到的大物体能跑进小眼睛里，这是怎么回事？"或者提问："我们如何能确定大脑能让浴室门看起来是正确的尺寸？"然而许多幼童确实对视觉苦思冥想，并且是以真正的哲学方式在苦思冥想。

无论如何，卡尔的提问正像约翰的提问一样，是对哲学活动的一次邀约。

如果父母或教师没有倾听这些问题，或没有理解孩子的真正需求（这不只是对知识的渴求，也不同于对知识的渴求），那么，他们将错失一次进行哲学思索的机会。同时，父母或教师也会错失一次机会，去了解卡尔、约翰以及与他们类似的其他儿童身上那些有趣而重要的某种东西。皮亚杰的著名实验非但无助于我们赞赏儿童的发问，它们甚至会成为了解孩子的路障。

如果我所说的全对或者只是对了一部分，那么，我们就要立即行动起来，别让皮亚杰这些著名的实验结果主宰我们的教育事务，别让这些实验结果限制了我们对幼童思考和反省能力的认识。

① 伊恩巧妙地以完全相反的方式使用了为利益最大化原则所做的那种功利主义辩护，即将"让三个人快乐要比让一个人快乐更可取"的判断，转换为"为什么三个人自私就比一个人自私好"的追问。这就使功利主义的利益最大化原则陷入绝境。——译者注
② 主要参阅皮亚杰的论文《儿童的哲学》("Children's Philosophies," in *A Handbook of Child Psychology*, 2nd ed., ed. Carl Murchison［Worcester, Mass.: Clark University Press, 1933］, 534–547)。"我们意识到从历史角度看来，[幼童给出的]这些解释是多么有趣；这些观点让人不由想起阿那克西曼德（Anaximandre）、阿那克西米尼（Anaximène）和其他前苏格拉底哲学家……人们会发现，这种辨认的法则是多么容易地让人想到属于前苏格拉底学派的浓缩与稀释的法则。"（第544页）
③ Christa Wolf，*Störfall: Nachrichten eines Tages* (Darmstadt: Luchterhand, 1987),105–106. Hans-Ludwig Freese begins his delightful book *Kinder sind Philosophen*(Berlin: Quadriga Verlag, 1989) with this wonderful passage.

四　皮亚杰与守恒

Piaget and Conservation

到目前为止,无疑会有人认为我看待童年过于浪漫。或许我就是一个浪漫的人。我承认我想鼓励成人——不只是普通的成人,尤其是选修我哲学课的大学生——提出具有"天真"风格的问题。提这类问题对于许多儿童来说是自然而然的,但对许多成人来说常常是很难很难的。

人们可能会认为皮亚杰看待童年比我要严肃。他知道成长对儿童来说有多重要。他想帮助我们全都理解儿童的心理成长过程,这些成长过程要求克服所谓童年的"认知缺陷"(cognitive deficits)。

为了凸显我对皮亚杰的看法,让我们看看他提到的几种"认知缺陷"以及克服这些缺陷的良方。在本章我会指出,即便是皮亚杰最令人信服的认知发展理论,也不像表面上看上去那么伟大。

守恒实验也许是皮亚杰学说里最著名的实验了,它们属于皮亚杰童年研究最核心的贡献。皮亚杰自己认为,这些实验为他声称的幼童是"自我中心的现象论者"(egocentric phenomenalist)提供了关键的支撑。

四　皮亚杰与守恒

在本章，我将专门讨论皮亚杰及其同事英海尔德（Barbel Inhelder）所说的幼童在"物质"（substance）、重量和体积方面的守恒概念。我将以皮亚杰在这一领域发现的权威陈述，即皮亚杰和英海尔德所著的《儿童对数量的建构：守恒与原子论》，作为我研究的主要文本。[①]

在皮亚杰和英海尔德的报告里，发现五岁至十三岁的儿童对（1）黏土球的变形、（2）糖块在烧杯水中的溶解和（3）爆米花的形成等的反应方式，可划分成四个主要阶段，其中后三个阶段又细分成两个亚阶段：

第一阶段：五岁至七岁或八岁

第二阶段（A，然后B）：八岁至十岁

第三阶段（A，然后B）：十岁至十一岁或十二岁

第四阶段（A，然后B）：十二岁及以上

在黏土球实验中，首先给儿童出示球形的黏土，然后当面将球压扁、搓成圆圈和切成碎块。接着，就变形的或变成碎块的黏土向儿童发问：（1）黏土还像先前一样多吗？（2）黏土还像先前一样重吗？（3）黏土排出的水像先前一样多吗（即浸入烧杯后，让水位升得像先前那样高吗）？

处于第一阶段的儿童对所有三个问题全回答"不是"，

即便将变形的黏土放在天平上称，或者将变形后的黏土放入有刻度的一烧杯水里，以显示实验结果也没用。处于第二阶段 A 的儿童对问题（1）摇摆不定，而处于第二阶段 B 的儿童对问题（1）的回答是"是"，但接着对问题（2）和（3）又回答为"不是"。尽管对我们来说，有明显的经验证据表明，回答应当是"是"。处于第三阶段 A 的儿童对问题（2）举棋不定，而处于第三阶段 B 的儿童对于问题（2）和（1），均回答"是"，但对问题（3）回答为"不是"。处于第四阶段 A 的儿童对问题（3）摇摆不定，最后处于第四阶段 B 的儿童对所有三个问题的回答均为"是"。

在黏土球实验之外，皮亚杰和英海尔德又加做了两套实验——糖块实验和爆米花实验。在第二阶段 B，而非第二阶段 A 之前，儿童笃定会认为，糖块完全溶化后，糖依然留存在水里。在第三阶段 B，而非在第三阶段 A 之前，儿童笃定会认为，糖溶化后，液体的重量会保持不变。在第四阶段 B，而非在第四阶段 A 之前，儿童笃定会认为，糖溶化后，烧杯里的水平线所标记的体积会保持不变。

爆米花实验的结果与此类似，不过处于第四阶段 B 的儿童的反应有所不同。据皮亚杰和英海尔德报告，处于此阶段的儿童会认为情况更复杂了，即变成爆米花的那些种子颗粒的体积总量与未爆破的那些玉米颗粒的体积总量是一样的。皮亚杰和英海尔德指出，尽管他们明显意识到种子在爆裂后体积总量大大增加了，但他们仍那样认为。

皮亚杰和英海尔德是这样解释这些实验结果的：

……在感觉运动阶段（从一岁末开始）婴儿获得了固态物体的不变性，直至发展的下一个阶段，物质、重量和体积的守恒才被建构起来。（第3页）

第一阶段完全不能掌握物质、重量和体积的守恒，即便形状只有些微改变。（第5页）

第二阶段已经发现物质守恒，但未发现重量和体积的守恒。（第9页）

第三阶段B能直接断定重量守恒，将此视为逻辑必然。（第42—43页）

按照皮亚杰和英海尔德的说法，儿童在发展中"建构"或发现的原则严格地说是什么呢？他们从未说过。这对他们的这种态度——无论对他们正在研究的儿童，还是对实验议题中重大的形而上学的和科学的问题的态度——是一个清晰的注脚，那就是，他们从来不费心表述儿童看来正努力发现或（如他们所说的）"建构"的那些原则。

思考一下体积守恒这一原则。这一观念不会简单地是

"固态物体的体积不会因时间而改变"。气球和爆米花就是明显的反例。构成固态物体的原子的体积总量不会因时间而改变吗?这也难说通。人和树的体积都会变大,甚至人和树自身的原子的体积总量也会变大。

固态物体的物质、重量和体积在某类变化中仍保持守恒,能这么说吗?但我们需要知道,它们是通过哪些种类的变化还能保持守恒的。皮亚杰和英海尔德对物质、重量和体积经历了哪些种类的变化均未做讨论。

皮亚杰和英海尔德在追寻什么,理解此问题的最好方式,或许是将自己限定在这样的情况下:对固态物体或液体物质既不增也不减。遵照这一想法,我们就可以将相关的守恒原则表述如下:

物质守恒:只要某物未增未减,那么此物自始至终一样多。

重量守恒:只要某物未增未减,那么此物自始至终一样重。

体积守恒:只要某物未增未减,那么此物所排出的液体自始至终一样多(或者说,它的原子总共所替代的液体自始至终一样多)。

这些都是很好的原则。我说它们很好，这并不意味着我接受它们。我并不接受。(过会儿我还会再谈。)但是，如果皮亚杰和英海尔德是对的，那么我也做对了这一次。总之，就如我说的，这些是很好的原则。它们在智性上是令人满意的。它们很能说明儿童是天生的哲学家。

当儿童逐渐接受这些原则时，那会发生什么呢？下面是我的理解。

在第一阶段，儿童会对物体和质量的数量有点儿印象式的概念。正像皮亚杰和英海尔德所主张的，儿童很有可能会强调一个维度而忽略其他维度。于是，儿童认为一块黏土被拉长后会比原来"更大"，儿童会单凭长度来评判而忽略了厚度。

进入第二阶段是与接受下列复合原则紧密相连的：（A）无生于无；（B）无化为无。（A）和（B），再加上假设（C）物质不能转变为任何非物质的东西（例如，能量），便产生了皮亚杰所谓物质守恒的原则。

对于重量守恒，第一阶段和第二阶段对重量的主要概念，似乎是对轻重两种感觉的未加组织的观念。然而，也可能有其他观念，或许还是互不相容的观念，例如，被挤压的黏土球变得更重。如果儿童将"感觉上"的重量当作主导观念，儿童自然会推论，黏土压扁后会变轻，种子爆裂成爆米花后会变轻。

在第三阶段，儿童发展出一种与标准的称重程序（例如使用天平）相关的重量观念。有了这一新的观念，儿童可以以某种适当水平进行分析，推断出变形和溶化只是构成事物的那些颗粒的重组。儿童会继续推断，由于总重量是构成物体颗粒之重量的总和，于是，无论变形还是溶化都不会改变总重量。

在第四阶段，儿童发展出三维体积守恒的观念。（在此阶段以前，他们只是凭印象使用模糊的尺寸概念。）此外，这一阶段的儿童会推断，尽管一些变形（例如种子爆裂成爆米花和面团的发酵）会产生某些东西改变总体积（皮亚杰和英海尔德称其为"总体体积"［global volume］），但原子微粒的体积（他们称其为"粒子体积"［corpuscular volume］）保持不变——当然，除非加减了某种东西。

在第四阶段，儿童似乎产生了密度概念。密度是客观理解的重量和客观考量的三维体积之间的一种关系。令人印象更深的是，在这一阶段，同一体积的不同物体在重量上的差异，被理解为这些物体中的原子排列的疏密所造成的差异，而原子自身的密度和体积被认为是处于同一标准的。

对我来说，守恒的发展过程最值得注意的事情之一是，它似乎是对古典原子论的再现。这里所说的原子论当然不是现代原子论,而是公元前5世纪德谟克里特(Democritus)和留基伯(Leucippus)首创的形而上学理论,数世纪以后又由卢克莱修(Lucretius)在其著作《物性论》(*De rerumnatura*)中提出。例如,上一段所表述的思想,似乎是对卢克莱修著作这段内容的回应:

> 为什么我们又发现有些东西比相同体积的东西要重?如果羊毛球和铅球有一样多的物质,那它们就自然地一样重,因为物质的功能就是将每件东西向下压,而另一方面,空间的功能是维持没有重量。相应地说,当一件东西比另一东西小但却明显轻,这就明确地表明它其中有更多真空,而较重的物体表明,它有更多物质和更少的空间。②

这一智性探险的伟大历程似乎在每一个正常发展的儿童生活中不断重复。对于这一智性探险的伟大历程,人们应当怎样评价呢?对我而言,这是(儿童)对激动人心的智性成就的经历,是对思辨形而上学的自然练习。皮亚杰看问题则与此不同。由于他有这样的成见,即儿童的认知发展是迈向一个标准成人的成熟能力的成熟过程,于是,皮亚杰将守恒的发展过程视为逐渐成功地一个阶段一个阶段地克服幼小儿童智性缺陷的过程。在这一发展进程的开端，按照皮亚杰的理解，儿童在各个基本的方面均是无能的。在皮亚杰看来，儿童逐步接受物质、重量和体积的守恒就意味着对这种无能的克服，对必然的、重大的认知缺陷的征服。

皮亚杰和英海尔德特别提到儿童在接受物质守恒、重量守恒和体积守恒时所克服的两种认知缺陷，即自我中心论和现象论。于是，按照皮亚杰和英海尔德的说法：

> （在第一阶段，）二者（物质和重量）被当作由他混合了的自我中心论和现象论施加于主体的直接感知关系的功能。（儿童的）自我中心论将重量降低为一种可称量或可移动的东西，将物质降低为一种可用眼睛看或寻回的东西……现象论继而阻止儿童将感知关系重组和编入理性系统，于是也阻止了对表面的超越。（第45页）

在第二阶段，儿童的重量概念据说依然"沉浸于自我中心论和现象论"（第45页），客观的重量概念在第三阶段的出现被称作一次"对自我中心论和现象论的胜利"（第46页）。它们告诉我们"体积的现象论和自我中心论取向

四　皮亚杰与守恒

在第三阶段持续……（主体从客体中）分离只出现于第四阶段"（第63页）。

自我中心论和现象论在这段话中是什么呢？遗憾的是，皮亚杰和英海尔德从未清晰地阐述过"自我中心论"或"现象论"意味着什么。有时他们会提出，自我中心论和现象论合起来是这种信念："所有东西是其在被直接地观察下所显示的那样。"（第75页）这是对伟大的希腊智者普罗泰戈拉（Protagoras）的回应，据信普罗泰戈拉说过："人是万物的尺度，既是存在者存在的尺度，也是不存在者不存在的尺度。"柏拉图将普罗泰戈拉的话理解为"事情在我看来是一个样子，在你看来是另一个样子"（《泰阿泰德篇》[*Theaetetus*]，152A）。意思是说，没有黏土球"它自身"的样子这种事情，例如，没有黏土球"它自身"是轻是重这类事情。假如我看它重而你看它轻，这个事情也就只能到此为止了。

皮亚杰的观点似乎是，儿童在早期阶段之所以是现象论者，是因为他们太过关注于外表（现象），即事物看起来的样子。儿童的自我中心论表现于，儿童将所有关于数量的问题转换为"对我来说"看起来有多少的问题。

假设提问处于第二阶段的倪蔻（Nicole）：圆溜溜的黏土球比它压扁后要重吗？对于处于第二阶段的倪蔻来说，

这个问题只能意味着：圆溜溜的黏土球"你看起来"比它被压扁后更重吗？让我们设想第二个问题的正确答案是"更重"。如果倪蔻面对问题一时回答"更重"，那么，在皮亚杰和英海尔德看来，这是因为她仅仅将问题一中的"什么球更重"这一点理解为了："'对你来说'（自我中心论）这只球'看起来'（现象论）更重吗？"

我们也应当将小倪蔻的错误理解为自我中心论和现象论的结果吗？认为倪蔻被现象论牢牢控制，这看来是奇怪的。按照皮亚杰自己的发现，毕竟她在第二阶段已经"建构"非经验论的即非现象论的物质概念。她不顾外观而坚持认为，如果黏土没有增减，东西的重量就保持不变，即便看起来比以前更重。

此外，按照皮亚杰的说法，已经处于第二阶段 A 的儿童很快会想到，有小得看不到的粒子存在。因而，当这一阶段的儿童被问及糖溶化后会发生什么，儿童会回答："变成碎屑屑了，这些碎屑屑小得没人能看见。"连放大镜也看不见吗？研究人员想知道儿童怎么回答。"看不见，"儿童回答，"它们太小了。"（第 83 页）就凭这一点也很难证明儿童是现象论者。

说到自我中心主义，极端的自我中心主义不能承认存在着其他主体或存在其他观点。皮亚杰对尚未建立永久客体概念的幼小儿童的研究，被认为确立了这样的观念：幼儿是极端自我中心的。然而，即使皮亚杰也不曾认为，我们所讨论的这一年龄范围（七岁至十二岁）的儿童是极端自我中心的。他和英海尔德所报告的实验结果也不支持这样的观点。我们所谓"温和的自我中心主义"要么是（1）对于其他主体如何看待事物缺乏兴趣，要么是（2）无法成功想象其他主体如何看待（感受、揣摩，等等）事物，或无法想象如何从其他角度看待事物。

引人注目的是，这些实验丝毫未注意到，儿童期待成人或其他儿童在回答守恒问题时会说些什么。倪蔻会不会这样认为，对她同学雅克来说，圆溜溜的黏土球比被压扁后的同一块黏土更重。倪蔻会这样想象自己同学的回答吗？皮亚杰和英海尔德不会问这个问题。他们不愿判定，倪蔻这样的儿童是否关心她朋友如何感受这块黏土。

奇怪的是，皮亚杰和英海尔德关注的是儿童对天平秤的"感觉"。"对这些儿童理解重量时所表现的自我中心取向，我们难以更清晰地加以证明，"他们写道，"重量对秤的影响，与重量对人手的影响完全一样；重量是一种无法量化的性质。"（第32页）他们的观点似乎是，这些儿童之所以是自我中心的，是因为他们无力想象天平秤如何感觉黏土！这当然是对正在发生的事情进行理解的很糟的方式。

并不像他们所说的那样,倪蔻起先没有能力想象天平秤如何感觉黏土,继而逐步改善对天平秤感觉的考量。这倒不如说,她学会区分"事物怎样感觉"与"它们实际上是怎样的";就重量而言,秤在此被认为是帮她判定事物真相的。

皮亚杰的这些守恒研究表明,儿童在逐步克服自我中心论和现象论。我的结论是,这种说法是没有依据的。

暂且不论皮亚杰和英海尔德所声称的自我中心论和现象论,人们依然可能说儿童是在发展过程中克服认知上重要缺陷的吗?在我们可以回答这一问题前,我们需要追问物质守恒、重量守恒和体积守恒所具有的地位。它们是理性真理——哲学家称为先验真理的东西吗?如果不是,那么,它们是科学的基础定律吗?如果二者都不是,那么,最低限度,它们是重要的实证真理吗?

其实,这些原则不可能是先验真理、科学的基础定律或者低水准的实证真理。原因是它们根本就不是真理,它们全是不成立的。

正如皮亚杰和英海尔德在讨论中所表明的那样,他们所谓的物质守恒是"东西"(matter)守恒的原则。但正如年长儿童在高中物理课上所学的,不是东西必定守恒,而是质量/能量(mass/energy)必定会守恒。于是,"物质守恒"是不成立的。

说到"重量守恒",当今许多儿童(如果不是几乎所有儿童的话)都知道太空旅行中的"失重状态"(weightlessness)。因而他们知道,太空飞船里是没有"重量守恒"的。可以说,早在上物理课之前,他们就知道"重量守恒"作为普遍原则是不成立的。

同样,"体积守恒"也有毛病。前不久,我在《纽约时报》读到,艾奥瓦州的一位科学家发明了一种"反橡皮"(antirubber)。如果将它往一个方向拉伸,那么它就会向所有其他方向延展。《纽约时报》该文的作者就此评论(根本未提皮亚杰):"乍一看,这样的材料似乎违背了体积守恒定律。可实际上,没有这样的定律——不像能量,体积不是在物理系统里需要保持恒定的一个数量。"[3]尽管"物质守恒""重量守恒"和"体积守恒"都是不成立的,但是,将它们"建构"出来是了不起的成就。正如我所表明的那样,"物质守恒"对我来说似乎是格外满意的原则。儿童不能自己提出"质量能转化为能量"这一观念,这一事实不应当掩盖他们在建构"物质守恒"方面的成就。皮亚杰自己曾阐释过,"物质守恒"不是以观察为基础而达成的。正如皮亚杰的那些实验所揭示的,早在儿童认为重量(如天平秤所显示)或体积(如烧杯中的水平线所示)是守恒的以前，他们就接受了"物质守恒"。

不知何故，每个儿童都倾向于这样思考问题："没有增减东西，所以剩下的东西没有变化；它只是形状变了，重量和体积也不同了。"这是理性主义形而上学的精彩练习。事实表明，这个世界并不配合。这个世界可以让质量转化为能量。但仅凭对压碎的黏土球或溶化的方糖进行思考，是不可能知道这类真理的。

当然，不能说皮亚杰用守恒实验跟踪研究的认知发展，是对真实的认知缺陷消失过程的记录。然而，我所赞赏的哲学思考只是一种智性游戏。首先，皮亚杰所报告的儿童认知发展方面的成就并不是对事实的接受，而是对智力方面令人满意的（事实证明全是不成立的）那些原则的"建构"。即便说，儿童在发展的各阶段逐步接受"物质守恒""重量守恒"和"体积守恒"，这对于认知成熟来说是必要的，但是，这种发展依然不可视为真理对谬误逐步取得胜利的过程。

其次，皮亚杰跟踪研究的儿童发展的各个方面其实很有哲学意味。尤其是"物质守恒"及其构成原则——（1）无生于无，（2）无化为无——具有精妙的哲学意味。在第二阶段开始出现的原子论也是如此。正如皮亚杰自己所指出的，这一理论很像德谟克里特和留基伯的原始哲学理论。原始原子论与现代原子论并无多少相似之处。现代原子论除了使用"原子"这一术语（起初的意思是"不能继续分割的东西"），它并不致力于设想有任何"终极的"无法继续分割的粒子。

儿童的原子论包含这样的观念：每个原子具有一定的体积。在这一理论里，至少有理由假设，譬如，爆裂后原子的总体积与玉米粒爆裂前原子的总体积是一样的。相比之下，现代原子论并不明确地坚持原子体积的观念。

儿童的原子论是一种精彩的智性建构。它其实是一种哲学建构。我们不应因为在真实的世界里，"体积守恒"是不成立的，而小觑它的智性之美。

由此看来，皮亚杰与我之间的区别在于：皮亚杰致力于追寻在所有正常儿童那里有待发现的与年龄相关的认知发展过程，而且排列了一个与年龄相关的发展阶段；而我还感兴趣于——比方说——克莉丝汀提出的"世界全是颜色做的"这一假说，尽管不能期望全部或者大多数儿童在某一年龄提出这一思想。

我想多说几句。我自己还在思考，为什么我们有的成人也认为"体积守恒"是成立的，而不仅仅是处于特定年龄的儿童会这样认为。我想更清楚地知道，是什么导致人们接受"体积守恒"这样似乎可信的原则，尽管事实证明它是不成立的。

17世纪有一次有趣的辩论:任何物体,无论多小,从本质上说是否都具有弹性,或者,最小的物体原子是否是刚性的、不可穿透的。如果原子是刚性的,那么,弹性便是由原子构成的物体(譬如橡胶球)的性质。我们可以这样解释,那些大型的物体能让构成它们的原子更紧密或更疏松地排列。

关于弹性是否是所有物体(包括原子)的固有性质,或者只是自身由原子所构成的物体的衍生特性,这一辩论对于"体积守恒"原则意义重大,非同小可。

我发现这一辩论迷人心弦。我想更好地了解,是什么让辩论的双方能够自圆其说。这类兴趣将我同皮亚杰和英海尔德区分开来。如果他们曾经也被这类辩论激发出好奇心,那么,在《儿童对数量的建构》一书中他们会谨慎地向读者隐藏起他们的兴趣。

---

① Jean Piaget and Bärbel Inhelder, *The Child's Construction of Quantities: Conservation and Atomism*, London: Routledge and Kegan Paul, 1974. 本章文中涉及的页码都指的是《儿童对数量的建构》这本书的页码。
② *De rerum natura I*, 11, 358–368, trans. R. E. Latham, in *The Nature of the Universe* (Harmondsworth: Penguin, 1951), 38.
③ "A Perverse Creation of Science: Anti-Rubber," *New York Times,* April 14, 1987, C8.

…
五 道德发展

Moral Development

将道德发展想成概念的更替,这是好主意吗?也就是说,把道德发展设想为这样的过程:将诚实、勇敢、正义、义务等不太适当的概念更替为更好的概念,然后再把这样的新概念继续更替为更好的概念。这是一个好主意吗?

这种概念更替的故事会怎样继续展开呢?那好,让我们看看道德义务概念。人们会说,儿童最初只有非常外在的义务概念。根据"第一阶段的概念"(stage-one concept),义务是儿童对他人提出的任务所承担的责任,而不是儿童自己主动承担的责任。这个"他人"当然是权威人物——妈妈、爸爸、老师、牧师、警官。要负责任的概念也是从外部植入的,因为它与体罚的威胁和物质奖励的承诺相关。

因此,假设妈妈告诉我别偷吃饼干。她去菜场,将我一个人留在家里。她在外面时,我强迫自己不去吃饼干。我要对此负责:保持我的双手别碰饼干罐。如果我很小,我或许将此责任仅限于理解为:如果妈妈发现我吃了饼干,我可能会被打屁股。

五 道德发展

　　获得一个更高级的义务概念，可能取决于获得一个更接近于内在的概念——为"别碰饼干罐"而负责的内在的概念。体罚的威胁和物质奖励的承诺，在我所理解的义务概念中不再扮演必要的角色。取而代之的是，对妈妈失望脸色的惧怕或许已是足够大的威胁。尽管在这点上，由于还存在外在于我的他人——某个外在的权威人物——让我对不得不做的事负责，因而，我的义务概念某种程度上依然是外在的。

　　在道德发展的第三阶段，按照概念更替模型，我终于学会让我自身成为权威人物（我自己的"立法者"）。即便在妈妈或爸爸、老师或牧师对我不作监督的情况下，我也能将尊重妈妈的意愿作为义务，或者将勇敢、讲真话作为义务。当然，我还会想得到某个权威人物的赞许。我只是人呐。如果我说谎或举止像个懦夫，无疑我依然不想让权威人物发现。但在第三阶段，我有义务比方说不去阅读办公室同事的电子邮件，即便我父母或老师乃至老板没有具体地要求我负此责任，也没有外部奖惩支持这些责任。我觉得承担这些义务并没什么好奇怪或好纠结的。

　　这是思考道德发展的好办法吗？有件事情让我们稍作踌躇：我们会发现，按照道德发展的这一"概念更替"模型，处于这一发展过程第一阶段的儿童其实只是"前道德的"存在。他们之所以只是"前道德的",是因为他们意识到,如果他们做这做那,那就有可能受罚,这样的义务概念根本就不是道德的义务概念。

为了说得更清楚,设想我生活在一个警察国家(a police state)。我会同意将邻居的日常活动向警察报告;我会同意这样做,即便我认为这种报告令人厌恶甚至是错误的。我这样做,是出于这样的恐惧:不这样做,我就会失业。反正我会接受警察交给我的窥探邻居的义务,而未考虑这是不是道德义务,我也未将其视为一项我的道德义务。

如果儿童的义务概念没有包括儿童在某种水平上,对他们觉得不得不做的事情之道德适宜性的认知,那么,他们的义务概念根本就不是一项符合道德的义务概念。它只是对某种行为会受到奖励或受到惩罚的认知。

有人会欢迎道德发展的"概念更替"模型所做的这种推论。他们会接受这一观念,即儿童其实仅仅是前道德的行为人(pre-moral agents)。对他们而言,一个儿童——比方说五岁儿童——的义务概念,与道德仅有的一点点关系在于,他现在要有这个义务概念,以便将来换上更真实更具道德内涵的概念。这果然是不折不扣的前道德的想法。

我个人以为,这一推论本身便推翻了理解儿童道德发展的"概念更替"方法。这不是因为我认为幼童比"概念更替"方法所承认的更道德，而是因为我认为幼童——哪怕是很小的幼童——至少是真正道德的行为人。我这样说，并不意味着只认为他们有时会做正当的事情。我的意思是，他们有时是出于正当的原因，至少出于善的原因，一个真正道德的原因，而做正当的事情。他们或许不能很好地表述他们完成义务是出于哪些原因，但他们有能力认识和接受一项道德义务，他们知道这项道德义务与惩罚的威胁和奖励的承诺是有所不同的。

我心中所想的是相当平常但又相当深奥的事情。我以为，人们能从对十五个月大的迈克尔行为的描述和评论中看到这种想法：

> （迈克尔）正在同他的朋友保罗抢一个玩具。保罗开始哭了起来。迈克尔表现出关心，他放开了玩具，以便让保罗得手，可保罗还是不停地哭。迈克尔愣了愣，然后把他的玩具熊送给保罗，可是哭声还是不断。迈克尔又愣了愣，然后跑到隔壁的房间里，带回保罗的安乐毯（security blanket）①并交给保罗，于是保罗不再哭了。

幼童移情研究领域顶尖的心理学家马丁·L·霍夫曼

（Martin L. Hoffman）对此有如下的评论：

> 首先，我们可以很清楚地发现，迈克尔想到，他的玩具熊经常能安慰他自己，当然也会安慰他的朋友。其次，这个办法不管用，是个纠正性的反馈，这让迈克尔再想别的办法。第三，考虑一下导致迈克尔最后成功行动的过程，三种可能性浮现出来：(1)他只是对以前观察到的有效方法的模仿，即他曾看到安乐毯能安抚保罗。这种可能性可以暂时排除，因为迈克尔的父母并不记得他有这种机会。(2)迈克尔在想怎么办的时候，他记起看到过安乐毯成功安抚过另一个小孩，这提醒他使用保罗的安乐毯——这一反应比上面的表现更复杂，因为当时保罗的安乐毯不在迈克尔的觉知范围内。(3)迈克尔这么大的儿童能以类比的方式推断，保罗会被他自己喜爱的东西所安抚，正像迈克尔自己会被自己喜爱的玩具熊安抚一样。②

霍夫曼接着说："我赞同最后一条解释，尽管它所设想的对于一个幼童来说是复杂的反应。"

值得注意的是，除非我们认为，不知何故，迈克尔认为他应当安抚保罗，否则，霍夫曼所说的他赞同的那条解释并不能说明迈克尔的行为。

无论对这一特定事件理解得多么准确，在我看来这是非常明显的：一些非常年幼的儿童时常会以真正道德的方式而非只是以前道德的方式行动。这意味着，他们的行动是与某类理解相伴随的，即他们所做的是帮助别人或安抚别人，而不只是为了逃避惩罚、获得奖赏。由于道德发展的"概念替代"方法允许最早几个阶段的儿童对他们的所作所为仅作前道德的理解，因此，道德发展的"概念替代"方法是有缺陷的。

让我们看看这一点在当代最具影响力的劳伦斯·科尔伯格（Lawrence Kohlberg）的道德发展理论里是如何收场的。科尔伯格向被试提供道德两难故事，然后对他们的反应（尤其是他们对两难问题的回答所做的合理辩护）评级，从而将每个被试放入约莫六个道德发展阶段中的一个阶段。[3]科尔伯格最著名的道德两难故事是下面这个故事：

> 在欧洲，一位妇女因患特殊种类的癌症而性命垂危。医生们认为有一种药能救她。这是当地一位药剂师最近发明的一种放射性药物。这个药的制作成本很高，可这个药剂师还要索价十倍。他花400美元制造

这个药，但一份药却要价 4000 美元。病人的丈夫海因茨去每个熟人那里借钱，但只凑够 2000 美元，这才是药价的一半。他告诉药剂师他妻子要死了，请求药剂师便宜一点卖给他，或者允许他先欠后还。但药剂师说："不行，我发明了药，就要用它赚钱。"于是海因茨绝望了，他想闯进药店为妻子偷药。④

我说过，科尔伯格不是按照被试所说的海因茨应当做什么（例如，去偷药），而是按照被试对自己所说的海因茨应当做什么所做的合理辩护，而将之划入道德发展的某一阶段。（例如，被试可能说："他应当偷药并将药送给妻子，这是因为挽救生命比你是否去偷更加重要。"）

在第一阶段，被试会展现科尔伯格所谓"惩罚与服从定向"。在第二阶段，出现了基本互惠认识，但只相当于"你帮我挠背，我就帮你挠痒"。第一阶段和第二阶段构成科尔伯格所谓道德发展的"前习俗水平"。

第三阶段和第四阶段构成"习俗阶段"。在第三阶段，儿童获得"好孩子定向"（good-boy-nice-girl orientation）；第四阶段是"法律与秩序定向"。

第五阶段、第六阶段形成科尔伯格所谓"后习俗""自律""原则"水平。第五阶段是基于社会契约的观念。在最后的第六阶段,"'对'被界定为借助于逻辑的全面性、普遍性和一致性,由遵循自我选择之伦理原则的良心所决定的"。⑤

经过大约三十年研究,科尔伯格与他的合作者收集到巨量的证据来表明,发展的顺序是不变的,任何人不经过阶段 n 便无法抵达阶段 n + 1,也不会出现倒退至前一阶段的情况。⑥

科尔伯格的研究方案似乎很少显示有趣的文化偏差(interesting cultural bias)。(为了适应其他文化,科尔伯格的两难故事需要重编重述,而这种重编重述是很易受到文化因素干扰的。此处之"有趣的文化偏差",所指的就是这种偏差。)近来有位研究者就谈及此事:

> 有证据显示,科尔伯格的访谈内容是经由创造性改编的,而且被试是用自己的母语接受访谈的;这种情况下,这种访谈在文化上是相当公允的。研究者在访谈中还发现,发展的顺序不会改变的命题也得到很好的支持,这是因为阶段的跨越和阶段的倒退实属罕见,并且一直处于测量误差所允许的水平以下。⑦

由于这些和其他的原因,在所有发展心理学研究里,科尔伯格的理论是阐述最清晰、证据最充分的理论之一。尽管如此，许多人依然对此理论大有微词。我已解释过，"概念更替"方法对于理解道德发展有其不足之处，这种解释揭开了人们之所以对其理论大有微词的根源。

处于第一阶段（"惩罚与服从定向"）或第二阶段（"你帮我挠背，我就帮你挠痒"）的儿童，其义务概念毕竟是一个道德概念（即便只是一个原始的道德概念）。科尔伯格的理论能阐明其中的原因吗？答案是否定的。

科尔伯格主义者会如何解答呢？他们会指出，前两个阶段是以"前道德水平"为特征的，这就是答案。他们的想法大概是，处于这两个阶段的儿童所具有的义务概念，只有在这样的意义上才是道德的，即为了达成一个真正的道德概念，儿童必须提升每个阶段的义务概念，并使其转换到别的阶段。这一回答看来并不令人满意，原因有两个：首先，处于第一阶段和第二阶段的任何被试一丁点儿都不能理解道德是什么，这种设想是不足为信的；其次，类似的难点总会在第三甚至第四阶段重现。仅仅为了避免别人的反对而迎合别人期待（第三阶段）的人，甚至那些为了维持"既定的社会秩序有其自身合理性"[⑧]（第四阶段）的人，似乎（或至少不是出于这些理由）都未达成对义务概念的具有明确道德意味的理解。

如此看来，似乎第五阶段甚至第六阶段以前的所有阶段真的是前道德的阶段。按照科尔伯格的研究,几乎没有人(或许一个人都没有)能抵达第六阶段,甚至只有极少数人能抵达第五阶段,我们被迫得出不受欢迎的结论,那就是,绝大多数的人都不能明确地在道德上理解义务。认为只是大多数人通常不能道德地行动,这还不能算是一个惊人的结论。相较而言,既会令人吃惊又会招致反对的是这一结论:绝大多数人不能真正理解道德是什么。

科尔伯格用公正性、普世性、可逆性、规约性来界定道德,这种界定加深了我们的忧虑。如果科尔伯格是对的,并且,当且仅当一个判断展现了这些形式上的特征,而被看作道德的,那么,处在较低发展阶段上的人所具有的义务概念连原始的道德概念都谈不上——它们根本就不是道德概念。

借助一个假想的事例,这种忧虑会更具体更实在。假设六岁的苏珊接受了科尔伯格的访谈,发现她处于第一阶段。这就意味着,苏珊在道德两难困境中的推理和解决道德冲突的能力,尤其是对解决方法的阐述能力,是非常原始的。现在假设苏珊的班上正在分发饼干和橘子汁,苏珊自己刚巧得到两块饼干,一眼望去,她发现詹姆斯一块都没得到,而其他小朋友人均一块。我们想象,苏珊起初会欣喜于自己的好运气,可接着注意到詹姆斯根本就没有饼干,她便将自己的一块给了詹姆斯。她做了一件公正的事情;她在那种情况下做了她应当做的、道德所要求做的事情。

詹姆斯没有饼干，苏珊却接受了两块。苏珊当然可能害怕由此受到责备。她给詹姆斯一块饼干，或许是想得到老师的表扬，或者是想以后从詹姆斯那里得到好处。她可能会有这些动机。但是，苏珊这样做被设想为必然是出于惧怕惩罚或希望回报，这是没道理的。她在科尔伯格访谈中被评为第一阶段，并不意味着她面对道德两难困境时不能出于公正感而行动，更不用说面对道德两难困境时，她有解决两难困局的需要，有将她的解决方式做合理化辩护的需要。

科尔伯格主义者可能会回应说，如果苏珊的道德推理处于第一阶段，那么，她就不可能真正拥有公正感。她可能在模仿她观察到的别人的行为，或者是屈从于来自成人或同伴的压力；她的行动并不是真正出自公正感，除非她在解决道德两难困境时能做出第五阶段和第六阶段的推理。

在我看来，科尔伯格主义者的这一回应，仅仅只注意到了道德发展的几个维度之一，而忽略了其余所有维度。为了清晰阐释这一观点，让我提纲挈领地谈谈对道德发展的另一种理解。

我们每一个人都能想到，对常用词汇中每一个用作道德评估的主要术语（例如，"道德""不道德""公正""不公正""诚实""说谎""勇敢""怯懦"等等)来说,每一术语至少可用于一种典型情景。我们对这些术语意蕴的理解,包含了我们将其他情景同化为这些范例(典型情景)的能力。

"勇敢"最早的范例也许是在诊室打针不哭。"说谎"的范例可能是,虚伪地否认弟弟出去玩时,我偷吃了他一块糖。"公正"的范例或许是,在同班同学中均分饼干,以便每人得到同样数量的饼干。

有人会批评我犯了一个天真的错误,即在早期的柏拉图对话录中,苏格拉底那些倒霉的对谈者常犯的那类错误。说谎的例子(哪怕是典型的范例)并非说谎之所是。只有能令人满意地界定说谎的人才真正知道说谎是什么,只有这样的人能真正了解那种准确地被称为"说谎"的不道德行为。

我对上述批评的回应有两部分。首先,是否有人可以给"说谎"下一个完全令人满意的定义,这是一个悬而未决的问题。(早期的柏拉图对话录是在困惑中结尾的!对此我们不应惊诧。)然而,我们大多数人对说谎是什么,还是有自己的体会的。所以,能体会什么是说谎,不同于能完全令人满意地界定"说谎"。其实,能体会什么是说谎,即能对说谎的重要范例有基本的理解,能将其他个案与这些范例相比较,以便决定它们是否应被看作说谎的个案。

第二，在早期的柏拉图对话录中，苏格拉底的辩论手段是，要求他的对谈者（和他的读者！）用直觉来检视所提出的定义。因此在《理想国》第一卷里，苏格拉底用修辞手法提问：人们是否应当将武器归还给物主，假如这时物主已发疯？他以此驳回了克法洛斯（Cephalus）对"正义"的界定（"说真话和偿还债务"）。我们这些读者被期待的回答是："当然不能还。"如果我们对"正义"尚未给出令人满意的界定，那么，我们给出的这一回答是立根何处呢？用反例来检视已给出的界定显然是徒劳无功的，除非我们对道德评估的相关术语有所体会。这样的体会仅仅在于，对重要范例有基本的了解，并且能以那些范例作为参照来评估其他个案。

在我看来，道德发展至少是交叉地发生于五个不同的维度上的。首先是范例的维度。就说谎而言，捏造事实以逃避惩罚，是极佳的首个范例。口是心非以从中渔利是第二个范例。（丽莎说她不知道现在是什么时间——尽管她其实是知道的——以便获准收看其余的电视节目。）狼狈为奸以忽悠权威，可能是第三个范例。（阿尔贝特告诉老师他没有看到是谁投掷纸团，尽管他看到了是伦纳德在投掷。）

道德发展的第二维度是相对成功地描述特征。（就说谎而言，）"像路易那样说调皮话"是一个简单而合适的开端。

"说瞎话"是一个改进。"明明知道，还说瞎话"是更进一步。"明知为假，反说是真"则更上一层楼了。

所有这些特征的界定并非完全令人满意，承认这一点很重要。想一下最后一个特征的界定（"明知为假，反说是真"），设想老师想找出是谁将芥末涂在学校卫生间的洗脸池上。她掌握的相关证据表明是我的好友伯恩干的。此外，她有充分的理由认为我目睹了这一可恶的行为。但除非有目击证人，否则她就无法惩治伯恩。她来问我，我否认是伯恩干的。老师会意识到我在袒护朋友。（此前我经常如此。）这其间并无欺骗。我甚至感觉到，老师也意识到我在袒护朋友。但当我说没看见伯恩将芥末涂到洗脸池上时，我依然是在说谎。

可见最后一条界定也是有欠缺的，而且我不知道如何修补。或许有人能对"说谎"给出既适合我们宝贵的直觉又内涵丰富的界定。但有一点很重要，那就是，对说谎是什么有所体会，是不需要对"说谎"做这种严格界定的。本来，人们只需要对核心范例有基本的理解就够了。

道德发展的第三维度关涉道德评判的每一个术语可用于众多案例的范围，以及我们如何处理边界上的案例。有人明明知道账户里的钱已经不足，依然开支票付账，这是说谎吗？照片能说谎吗？一个被大学退学的学生还在使用有大学标记的领带，这是说谎吗？

道德发展的第四维度关涉对相互冲突的道德主张的判决，或者说，为了让事情减少争议而对那些显然相互冲突的道德主张进行判决。有时说谎并不是调皮，有时说谎是某人的本职工作。怎么会出现这种情况？虽然说谎话（某种情况下）乍看是错误的，可其他道德主张却推翻了说出真相的要求。在思考这样的道德冲突或貌似道德冲突的过程中，我们的思考愈来愈好，相应地，我们在道德方面也便得到愈来愈好的发展。

第五是道德想象的维度。十五个月大的迈克尔似乎就有这种想象去理解保罗的不安，并想到去取保罗的安乐毯，以使保罗得到安抚。尽管年龄还这么小，但迈克尔在道德想象维度上具有很高水平。

当然，迈克尔十五个月大时，对世界的经验以及他对世界如何运作的理解，是非常有限的。一个很小的幼童还不能移情于种族或性别歧视的受害者，这是因为儿童对于社会的经验和理解是十分有限的。一般来说，随着年龄的增长，我们的生活经验会变得愈来愈宽广，我们会希望在道德想象的规模上获得推进。

可这未必会发生。人们会被周围的社会问题所淹没，而个人事务也日益纠结于心。出现这种情况时，即便是非常年幼而涉世不深的儿童，也会发现我们成人对诸如在桥下包装纸盒里取暖的流浪者缺乏直接而移情的反应。儿童天真的问题会唤醒我们沉睡的想象和同情,甚至会鼓动我们采取道德行动。

根据这些观察,于是我主张,道德发展是交叉地发生在以上五种不同维度的。科尔伯格只关注到一个维度,即第四维度(对道德冲突或两难困境进行判决)。可是,早在儿童不得不应对道德两难困境之前很久,儿童就能够对受苦受难或不公正的受害者表现出强烈的移情反应,他们能对道德评估术语相关的核心范例有所体会,更不用说为解决两难问题做合理化辩护了。

我们绝大多数人从未丢失我们在童年第一次理解的那些范例。均分饼干成为我们公平分配的范例。随着苏珊的成长和发展,我希望她将其储备的范例从公平分发饼干扩大至为工作人员公平地按其所能分配工作,或许再扩大至拒绝在游戏中途变更规则。我们希望苏珊在道德发展的其他维度上也成长起来。但公平分配的简易范例将持续地与她相伴。她后来精湛的推理与她幼年所借助的简易范例之间的对比,并不能支撑这种观念:幼年展示的那些行动不是出于真正的公正感。

有的父母有时会向我报告,他们家有个孩子早就被认作家里的"正义之士"(justice person)。也许这一切是从三岁时分发饼干开始的。可这延续到了童年中期、童年后期和青春期。这个挑剔的孩子总是家里那个问"可那真的公平吗"的人。妈妈或爸爸会被要求重分东西,以响应儿童的类似提问。还有,"正义之士"不必是家中最年长的儿童。

认知和道德发展的理论常常鼓励我们自己与儿童——既包括我们周围的儿童,也包括我们童年的自我——保持距离。这样的距离感时常对儿童产生一种新的歧视。说到底,它向我们警示,不要弄错儿童所表现的未成熟认知与未成熟道德结构的诸多短处;按照这些认知和道德发展理论,这些短处对于既定年龄范围的儿童来说完全是一种常态。

但是,这样的距离感也会鼓励成人对儿童抱有优越感。如果我们认为儿童所生活的概念世界在结构上与我们的不同,却会自然而然地进展到我们的概念世界,那么,我们对作为道德行为人的儿童,怎么可能不抱有优越感呢?

这种优越感尽管可以理解,却是没有根据的。它之所以没有根据,其中的一个理由是,就像我们在最后一章会看到的,后来的结构并不是完全无懈可击的成就;很明显,后来的结构也是有问题的,哲学家在揭露这些问题的方方面面上,总是乐此不疲。因此,是否有人能提供完全令人满意的正义理论,或(正如我早些时候所说的)提出一个完全令人满意的对"说谎"的界定，这是允许讨论的开放的问题。

这类优越感之所以没有根据，还有另一个理由，那就是，儿童的质朴率直常常让我们成人归根返朴。从纯理论层面看，存在这种可能性，即我们成人在道德方面有时应向儿童学习。有鉴于此，任何排除了这种可能性的儿童发展理论，都是有缺陷的；在道德上，这也是无理而冒犯的。

① 一种供婴儿抓摸、吮咬使其获得安慰的布料或衣服。——译者注
② Martin L. Hoffman, "Empathy, Role Taking, Guilt, and Development of Altruistic Motives," in *Moral Development and Behavior*, ed. Thomas Lickona (New York: Holt, Rinehart and Winston, 1976), 129–130.
③ 这很复杂。科尔伯格及其同事曾谈到，每个正规的阶段下还有自律和他律的亚阶段，也谈到过存在"柔软的"第七阶段的可能性。与此同时，他们似乎开始对第六阶段缺少信心。See Lawrence Kohlberg, *Essays on Moral Development*, Vol. 2: *The Psychology of Moral Development: The Nature and Validity of Moral Stages* (New York: Harper and Row, 1984), chap. 3 and appendix C.
④ Ibid., 640.
⑤ "From Is to Ought: How to Commit the Naturalistic Fallacy and Get Away with It in the Study of Moral Development," in *Cognitive Development and Epistemology*, ed. Theodore Mischel (New York: Academic Press,1971),165.
⑥ 一度认为出现了真正的倒退，但完善后的理论似乎已解决了这个问题。See Kohlberg, *Psychology of Moral Development*, 437–438.
⑦ J. R. Snarey, "Cross-cultural Universality of Moral Development," *Psychological Bulletin* 82 (1984), 226.
⑧ Kohlberg, "From Is to Ought," 164.

六 儿童权利

Children's Rights

儿童应当享有那些他们还不拥有的权利吗（譬如，投票的权利、拒绝上学的权利、与父母脱离关系的权利）？还是说，儿童权利运动已走得过头了？

1992年美国总统大选期间，报纸和电视广泛报道了佛罗里达州一个少年法庭案件。民众很关注这一案件所提出的问题：儿童是否有权与父母脱离关系？

1992年7月9日，佛罗里达州立法院的法官裁定，一位十二岁男童具有合法身份诉请终止其父母的权利，以便由养父母乔治与丽莎贝斯·罗斯（George and Lizabeth Russ）夫妇收养他。起初大概是为了保护他，媒体称其为"格利高里 K."（Gregory K.）。格利高里自己透露他姓金斯利（Kingsley）。这倒也合适，为了获取以个人名义将其母亲送上法庭的权利，格利高里也应当放弃通常赋予未成年人匿名的权利。

格利高里接受芭芭拉·沃尔特斯（Barbara Walters）①的采访在全美联播的电视上播出后，他一下子成了名人。该案由于发生在美国总统大选期间因而受到公众关注，而共和

六　儿童权利

党人正将"家庭价值"作为大选的核心议题,所以政治家们出于政治目的,迅速将格利高里的起诉状利用起来。

格利高里·金斯利案与比尔·克林顿竞选总统之间的关联,无疑被以下的事实提高了。克林顿夫人希拉里·罗德姆·克林顿(Hillary Rodham Clinton)曾服务于儿童保护基金会(Children's Defense Fund),还写过几篇探讨儿童权利的重要文章。②乔治·布什则抓住法官的裁决这一时机,警告选民反对"自由主义计划的倡导者"。按照小布什的说法,这些自由主义的倡导者"甚至鼓励小孩子们雇请律师而将父母拽入法庭"③。

格利高里的父亲已签字同意放弃他的亲权。于是母亲的监护权便成为案件的关键点。我们很快了解到,格利高里在过去的八年里只有八个月生活在母亲身边,他母亲在上次抛弃他时还对当局说:"你们带他走!"

格利高里在佛罗里达法院赢了官司。他似乎也赢得了美国公意法庭(the court of U.S. public opinion)的普遍支持。为了标记他全新的生活,格利高里于是改名换姓。在官方认定他由新父母收养后,他改名换姓为肖恩·罗斯(Shawn Russ)。

格利高里·金斯利案不是孤立的案例。我们可以看到,在美国和欧洲,儿童被承认拥有的法定权利逐渐扩展。儿童的道德权利尽管是另外的问题，也不是与此截然无关的。正如我们在 20 世纪 60 年代民权运动中所看到的，承认某一族群的道德权利，也常常促使我们致力于修改他们的法律地位；反过来说，修改某一族群的法律地位，也常常鼓励我们改变对他们的道德态度。

特别的是，儿童提出了两个伦理原则，即自主原则（Autonomy Principle）和亲权原则（Paternalism Principle）。按照自主原则，理性的个人应当自决。按照亲权原则，个人的自主应当受到限制，如果这种限制是出于个人自身的利益的话。④

当我们寻求将儿童置于自主原则下考量时，两个截然不同而又彼此相关的问题出现了：

（1）儿童有没有充分的理性，或其理性是否在正当的方向上，以表明其有能力自决？

（2）是出于儿童自身的利益来限制儿童自决能力的吗？

第一个问题是对自主原则之应用自身的思考。第二个问题关涉亲权原则何以居于自主原则之上。这是在追问，在某种特殊情况下，亲权原则是否应当"胜过"自主原则。

用于格利高里·金斯利案，无限制的自主原则使格利高里有权起诉她母亲以终止其亲权，以便他能被养父母充满爱的大家庭（他觉得这才是家）收养。可是，十一二岁的格利高里是否有足够的理性，或其理性是否能以必要的途径来实施自决（第一个问题）？看到他接受芭芭拉·沃尔特斯采访的观众，或在美国有线电视新闻网（CNN）看到他法庭表现的许多观众，似乎已判定他有这种能力。《纽约时报》以这种方式报道格利高里在法庭上的表现：

> 这位深色头发的六年级学生站在那里超过一个多小时，他的肩膀只是略高于证人席。格利高里展示出有别于同龄男孩的外表与老到，他解释他是怎样在收容机构与养父初次见面的。
>
> 格利高里说，在他被收容的差不多两年时间里，他母亲从未探视，也没给他打过电话或写信。他站在证人席上冷漠地说："我认为她把我给忘了。"后来他解释，他母亲第一次从收容机构接他出去时向他承诺，再也不会让他回到收容机构了。此后他又两次被送入收容之家，格利高里作证说，这让他改变了他对母亲的感情。
>
> "我只是认为她一点也不在乎了。"他说着话，直勾勾地盯着他的律师布莱尔（Jerri A. Blair），而不是扭头看着20英尺远的生母。"她说话不算话，我估计她不是很在乎。"⑤

记者的评论"(格利高里)展示出不同于同龄男孩的外表与老到"是值得我们好好想一下的。情况很可能是,格利高里在他这个年龄确实是非同寻常的成熟和老到。有人怀疑,格利高里所展示的自信在家庭生活不稳定的儿童中尤其非同寻常。可是,在格利高里案中,记者没有注意到,儿童在法庭上如此表现——由美国有线电视新闻网现场直播——完全是史无前例的。我们之所以难以评判他法庭上的表现"在他这个年龄"是怎样的非同寻常,我们之所以难以为这种评价确定合适的立场,是因为没有类似的法庭表现可资比较。同样重要的是,这一案例会鼓励人们追问,是否仅仅出于偏见和优越感,才让我们对格利高里的自信和老到感到惊诧。

至于上述的第二个问题,跟踪了解这一庭审案例的任何人都不会怀疑,被新家庭收养是符合格利高里最大利益的。这当然是格利高里自己想要的结局,因而有理由认为,限制他的自主权在某种程度上不符合他自身的利益。所以在此案中,无论裁定格利高里自主权优先,还是裁定其父母的亲权胜出他自身的自主权,其结果可能是一样的。

格利高里·金斯利案比著名的美国最高法院的高尔特案(In Re Gault,1967)晚了整整二十五年。在高尔特案中,未成年人在法律程序上第一次被承认拥有宪法权利,例如,有

六 儿童权利

权请律师，有权被告知其发言可能会用作对其不利的证据。

我们可以期待，在我们的司法体系内，儿童会被给予越来越多的自主权，他们将被允许在愈来愈小的年龄行使自主权。这是好事吗？在论及儿童权利的哲学文献中，对这一问题的判断是有点乱。

约翰·霍尔特（John Holt）于1974年写道："我主张成人公民所拥有的权利、好处、义务、责任，只要年幼者希望行使，无论其年龄大小，他均能一视同仁地拥有。"霍华德·科恩（Howard Cohen）六年后出版了一部堪称经典的著作《为儿童争取平等权利》（*Equal Rights for Children*），这是一部以解放论者的立场（liberationist position）捍卫儿童权利的著作。科恩的核心立场是这样的：

> 我不是说，除非每个人都拥有某一项权利，否则，无人应当拥有这一权利……我是说，除非展示出实质性差异，否则，区别待人是不正当的；这不公平。在我看来，成人与儿童的区别，如此这般地被那些支持双重标准的人夸大其词了。儿童被视为弱小、被动、没心没肺、不动脑筋，而成人被视为有理性、高动机、高效率。当然啦，这幅图画描绘得太刺目了，没有人会扬言没有例外。然而，麻烦的是，儿童应当拥有平

等权利,对此恰如其分的阐述是不能以例外为依据的。如果是这样,我们只能重新调整双重标准;我们还没有摈弃双重标准。⑧

除此以外,鲍伯·富兰克林(Bob Franklin)和舒拉米斯·费尔史东(Shulamith Firestone)也为呼吁承认儿童权利而发出声音并产生重要影响。费尔史东在其著作中强调妇女解放与儿童解放之间所存在的关联。她写道:"在考虑女权革命的任何方案时,我们必须将受压迫的儿童置入其中而一并考量,否则我们就会重蹈我们所谴责的男人的覆辙;仅仅由于事不关己,我们便未深入其间而深刻地分析问题,那就难以发现产生压迫的深层土壤。"⑨

劳伦斯·D·侯盖特(Laurence D. Houlgate)在其著作《儿童与国家:少年儿童权利的规范理论》中,试图表明一个比较温和的立场:允许功利地考量以缓冲正义的要求。⑩劳拉·珀迪(Laura Purdy)近期出版的著作《符合他们的最大利益吗?——反对儿童平权的案例》采取鲜明的功利主义立场来抵制儿童解放运动。珀迪这样总结她的立场:

第一,儿童平权会切断将父母与儿童捆绑在一起的不对称法律关系，从而导致父母适度的权威受到削弱。这会导致两个极端严重的后果。其一，现在看来，要想让儿童日后产生负责的、道德的行为，早期训练是必需的；儿童平权会使父母更不情愿提供这种早期训练。其二，儿童平权会使儿童不太可能严肃地对待父母的指导。这两种后果对儿童自身的幸福生活，对儿童参与理想社会建设的能力，均会产生不良影响。

第二，儿童平权会要求取消义务教育。很明显，当前学校里存在大量问题，但这并不意味着，以儿童平权这种方式破坏学校的权威能彻底解决这些问题……

第三，儿童平权会促使儿童在很小的年龄便外出务工，由于没有受过教育，他们只能时刻准备好做最低级的工作。在那里他们只能服从变动不居、颐指气使的指令，只能在充满有毒物质的环境里或比贫困职工的要价更低的条件下讨生活。[11]

我们可以预期，这一辩论将会持续下去。正如我所指出的，我们也可以预期，儿童被承认的权利其数量和种类还会继续增长。此外，我们可以预期，儿童被承认的享有既定权利（譬如有权将父母告上法庭）的最低年龄还会再创新低。这当然是现在的趋势。也许劳拉·珀迪这类儿童权利的保守批评者会减缓这一趋势；但我认为他们难以阻止这一趋势，更不用说扭转这一趋势了。

在无法平息儿童权利的支持者和反对者之间辩论的情况下，我们能发现支持这一趋势的哲学上的理由吗？我以为能。我现在所要做的就是寻找这些理由。

劳拉·珀迪在反对儿童解放时预言，扩大儿童的权利范围将会削弱父母和学校的权威。如何理解权威，尤其是如何理解"理性权威"，这种问题几乎与哲学一样古老。我认为，反思这种问题，会让我们找到理由为我们社会正在逐步实现的儿童解放喝彩，而毋庸顾及思考扩大儿童的权利会带来怎样的恐惧和忧虑。

在一个稳定而团结的社会，儿童会将父母和老师视为权威。从社会学上来看，父母和老师对儿童行使权威是依赖于他们所占有的社会地位。可这样的"权威—结构"能被理性地论证吗？就这一问题的一般形式来追问，便是提出理性权威这一哲学问题。

理性权威这一哲学问题是由柏拉图在其对话录《欧蒂弗罗篇》(*Euthyphro*)中首次提出的。在那次对话中，苏格拉底遇见正要去法庭控告父亲不虔敬的欧蒂弗罗。苏格拉底对于欧蒂弗罗上法庭控告父亲表示惊讶。苏格拉底的惊讶有这样的意味：儿童本应尊敬父母，而控告自己的父亲犯罪几乎是不可思议的。

苏格拉底向他指出，控告父亲不虔敬本身便是自身不虔敬。欧蒂弗罗不为所动。他补充说，他要控告父亲的是极重的罪，其实就是控告他过失杀人。据欧蒂弗罗所陈述的原委，这一罪案的受害者自己在酒醉状态下杀了一名家奴。欧蒂弗罗的父亲于是将这人的手脚捆住，去询问祭司怎么处理。这人最后被捆着丢在沟渠，因冻饿而亡。欧蒂弗罗坚持认为他的父亲应对这人的死负责，并打算去法庭起诉其父亲。

将过失杀人视为一种不虔敬，这首先让我感到很奇怪。可是我们应当记得，"毋杀生"也是犹太教和基督教传统中的"十诫"之一，并且公民宗教在我们现代化、世俗化政府中至少扮演着一个含蓄的角色。

对欧蒂弗罗所陈原委的回应，苏格拉底采用了柏拉图早期对话录里苏格拉底这一人物的一贯风格：他问欧蒂弗罗什么是虔敬。这一问题看来是恰当的：如果欧蒂弗罗控告其父不虔敬，那他就应当真正知道什么是虔敬。这一对话大部分篇幅都是讲欧蒂弗罗企图界定"虔敬"和"不虔敬"，可是均未成功。

欧蒂弗罗在尝试说出"虔敬就是众神所爱"后，对话中的重点出现了，苏格拉底便问了他著名而深奥的问题："虔敬者因其虔敬而为众神所爱，还是虔敬者为众神所爱，故其虔敬？"（《欧蒂弗罗篇》10A）

我们可将这一问题称为"欧蒂弗罗问题"。这一问题可以转换为我们比较熟悉的犹太教、基督教和伊斯兰教传统中的一神论话题。想想看，教徒会认为道德是基于神谕的。对这样的人而言，说"这件事是对的"就意味着"上帝命令我们做这件事"。对这个人来说，说"那件事是错的"就意味着"上帝命令我们不要做那件事"。这就引出了苏格拉底问题，"做这件事是对的，是因为上帝命令我们去做这件事，还是上帝命令我们做这件事，是因为这件事是对的"以及"做那件事是错的，是因为上帝命令我们不要做那件事，还是上帝命令我们不要做那件事，是因为那件事是错的"。

想一想杀人，也想想"杀人是错的"这一主张。在上述分析框架之下，这一主张意味着，是"上帝命令我们不要杀人"。可是，杀人是错的是因为上帝命令我们不要杀人，还是上帝命令我们不要杀人是因为杀人是错的？如果我们选择前者（杀人是错的，这是因为上帝命令我们不要杀人），我们就是神学上的唯意志论者。从这种立场来看，底线即上帝的意志、意愿，或上帝的命令，或上帝的批准。另一方面，如果我们选择后者（上帝命令我们不要杀人，

六 儿童权利

这是因为杀人是错的），那么我们就是神学上的唯理论者。从这一立场来看，唯理论者至少在原则上对上帝的意志和上帝的命令进行了解释。（上帝意欲和命令做对的事情，并且只做对的事情。）可这也意味着，有不依赖于上帝的道德标准，这一道德标准不是上帝所能评判的。

神学上的唯意志论鼓励这样一种观念：即便上帝的意志和命令是专制的，它们依然能决定什么是好的，什么是坏的。相较而言，神学上的唯理论则主张：由于上帝必须与道德标准保持一致，因而上帝并非全能。

"欧蒂弗罗问题"也可用于纯粹的世俗生活，这当然也是我之所以在此对其加以讨论的原因。假设我们对儿童说"妈妈说了算数"，也就是说"妈妈所说是对的"。于是"欧蒂弗罗问题"变成了这样的问题："它是对的是因为它是妈妈说的，还是，妈妈之所以说它是因为它是对的？"如果我们选择前者，那么妈妈的命令会确定什么是对的，即便它们是建立在妈妈的偏见或一时之念的基础上。如果我们采纳后者，妈妈说做这做那这一事实，对于理解是什么决定事情对错这一问题是无关紧要的。要知道是什么决定事情对错，我们倒不如去看看之所以下命令的原因。根据这一观点，妈妈其实要对她的命令负责；而根据前一种观点，妈妈的命令当然不会错。

无论我们对于原初版本、神学版本的"欧蒂弗罗问题"作何理解，我们都应当对处于进退两难境地的世俗版本做出回应。假设妈妈说："你没完成学校作业前不要看电视和玩电子游戏！"这一命令显然只是要求孩子接受。可是，在一个开明的家庭里，存在儿童挑战这一命令的某种可能性——如果不是马上提出挑战的话，或许是稍微晚些，或者是在有机会讨论这类事情的场合。无论儿童是在何时何种场合提出挑战，均意味着儿童认为这是妈妈下的命令，所以这一命令只不过乍看起来是当然正确的。在一个更深层次上，我们必须考虑到，妈妈下这样的命令，是因为这样的命令是对的、好的、明智的。如果来自儿童的这一挑战显示这一命令确实没有正当理由（比如说，因为儿童的作业并非是次日上交，或者因为妈妈已答应让孩子看一小时电视，或者诸如此类的原因），那么，乍看起来正确的主张就会被推翻。让儿童有机会对权威人物的命令进行品评，会让权威人物表现得更理性，而不仅仅是专制。

珀迪说，儿童解放易于削弱父母和老师的权威。可是，如何理解这种权威？让我们再次将讨论聚焦在父母权威上。如果某人对儿童的权威只是因为与孩子的血缘关系（由于这孩子是我生我养的），那么，就需要（例如我们的社会便真正需要）一个司法体制来挑战这种权威并要求它做出解

六 儿童权利

释。目前的情况表明,并且长期以来的情况也表明,一些人士或机构走上法庭,去挑战那些失职或虐童的父母(他们在儿童面前是名不副实的权威)。新的问题是,儿童自己是不是应当"站"在法庭上以自己的名义向法庭起诉。

让我们再回到格利高里·金斯利案。晚间电视新闻报道讲得很清楚,格利高里的母亲很久以前就放弃了对儿子的责任,她将格利高里弃置在政府的收容机构里。即便她现在真想将儿子要回来,她也不能给格利高里一个满意的家。(其实有证据表明,她现在的配偶对她有家暴行为,这就意味着她甚至不能给自己一个满意的家。)

当然,在没有承认格利高里有权以自己的名义向法庭起诉的情况下,佛罗里达的法官就终止了其母亲对格利高里的亲权。所以,问题不在于她对自己孩子的生物学上的亲权是不是绝对的,也不在于法庭认定终止格利高里母亲的亲权符合儿童的最大利益时,她的亲权在违背她意愿的情况下是否被终止。问题在于,是否承认儿童(在本案中是十二岁的格利高里)有权以自己的名义在法庭起诉,让法庭对"他"本人做出回应,而不只是对其利益做出回应。就理性权威这一哲学问题而言,问题在于法庭是否应当承认格利高里是理性的行为者,是否应当承认他在这件事上能自己做决定,法庭要负责对谁合理地解释法庭自身在审查格利高里母亲对儿子的权威时所施加的权威。媒体对格利高里的采访以及格利高里的法庭表现,让我们理由充分地说:"是的,格利高里够成熟、够理性,所以法庭应当直接与他打交道,就像与打官司的利益相关方直接打交道一样。"

一些政治家已经讨论儿童有权与父母脱离关系这一观念,他们似乎认为儿童一旦有这样的权利,就可以遗弃父母而不受惩罚。然而我们从格利高里·金斯利案中可以看出,拥有这一权利只会允许儿童站在法庭上以自己的名义提出诉求,并让法庭回应他们(当然也回应他们的父母),而不只是回应法庭指定的或法庭认可的监护人。

在一个理想的家庭里,儿童随着年龄的增长会有愈来愈多的自由,来品评家庭管理他们生活的规矩、措施和决策。父母逐步让儿童有权对家事进行品评,就等于认识到这几项事实:(1)随着年龄的增长,儿童以自己的名义来行使行为人功能的能力是逐步增强的;(2)儿童需要逐步地像成人那样行使责任,而逐步允许他们对自己的生活做更多的决定,有助于发展他们这方面的成熟度;(3)承认儿童有权让父母重新考虑他不希望接受的决策,有权品评他不希望接受的家庭举措,也就意味着理解了这些决策之所以不能简单地被接受,是因为它们是父母所立之"法",更确切地说,典型的情况应是,因为父母认为这些决策是明智的或正确的，所以向孩子提出了这些决策。

社会如何对待父母权威，应当与一个理想的家庭里父母如何对待他们自己对儿童的权威相类似。格利高里·金斯利（如果格利高里·金斯利充分成熟）不只是应当享有权利以自己的名义在法庭起诉以便终止其母亲对他的权威，他还应当享有让法庭将判决告知他的权利，而不是告知那些名不副实地代表他及其利益的监护人或监护机构。起诉权是为下述观念增添内容；这种观念认为，父母的权威不是单一地基于血缘关系，而且还要基于可考评的条件，即格利高里的家长是否正负责地为他做正当之事。格利高里享有以自己的名义（并且不是简单地通过第三方）而直接起诉的权利，这就表明法庭已经承认，年方十二岁的格利高里有能力对其母亲是否已为其担责这一事实做出合理判断；如果法庭拒绝其起诉，他有得到法庭直接向他解释的权利，即直接向他解释他错在何处以及法庭何以拒绝他的起诉，而不能只是向监护人解释。

所以我们要问，应当允许儿童享有目前他们尚未享有的权利，或者在更小的年龄享有这些权利吗？我以为应当，尽管在这一章我对这一结论并未进行全面讨论。我在这里所做的是很有限的。我已指出，让儿童享有更多权利，让儿童在愈来愈年幼的年龄享有权利，这是我们的社会渐渐推进的方向。我曾指出，有一种理解这一发展的方式，它会让这一发展趋势得到哲学上的支持。那就是将我们社会中的权威理解为理性权威，即便人们先是由于血缘关系而拥有权威的位置，也要请他们对自己所施加的权威进行合理性的解释；一旦儿童能对自己的利益做理性判断，父母便应当当面向自己的孩子做合理的解释。

① 芭芭拉·沃尔特斯（Barbara Jill Walters，1929— ），美国记者、媒体从业人，曾主持多档著名的电视节目，被称为美国"主播女王"。2014年5月16日芭芭拉正式荣休，她53年的电视新闻事业就此结束。——译者注
② 作为例证，可参见希拉里无比清晰、大有助益的调查报告《法律之下的儿童》（"Children under the Law," in *The Rights of Children*, Harvard Educational Review Reprint Series, No. 9 [1974], 1–28)。文中有一段我十分喜爱的话，却受到保守政治家和保守评论员的攻击。这段话是这样的："剥夺他人权利，让他人处于依附关系，这种做法所依据的基本原理是：某些个人没有能力或者不值得享有照顾自己的权利，因而需要特别设计的社会机构来保护他们的地位。依照这一基本原理可以推知：社会在这种情况下，正在做对这些人最有利的事情。除了家庭制度以外，这样的制度安排从古到今可找到许多实例，包括婚姻制度、奴隶制度、印第安人保留区制度。"（该书第7页）除了最后一句无疑具有蓄意挑衅的特点以外，该文整体的姿态是温和而慎重的。
③ Lewis Pitts, "Family Values?" *Nation*, September 21, 1992, 268.
④ 温和的亲权原则限制自治，是为了避免对行为人有害；而强硬的亲权原则对自治的限制，是为了让行为人受益。
⑤ *New York Times*, September 26, 1992, A5.
⑥ 亚利桑那州十五岁的少年杰拉尔德·高尔特（Gerald Gault）因打内容下流的电话被控有罪，判处有期徒刑六年。该案量刑严重（犯有同样罪行的成年人充其量也只会判50美元罚

款或两个月监禁），并且高尔特因未成年而不得享有成人刑事被告所享有的所有正当法律程序。如果他是成年人，他便有权请辩护律师，并有机会面对控告人。由于这一案例，最高法院后来裁决未成年人应享有《权利法案》(*Bill of Rights*)规定的一些权利。——译者注

⑦ *Escape from Childhood* (New York: Dutton, 1974), 18.

⑧ Howard Cohen, *Equal Rights for Children* (Totowa, N.J.: Littlefield, Adams, 1980), 45.

⑨ Bob Franklin, "Children's Political Rights," *in The Rights of Children*, ed. Bob Franklin (Oxford: Blackwell, 1986), 24–53. Shulamith Firestone, *The Dialectic of Sex* (New York: Bantam, 1970), 118.

⑩ Laurence D. Houlgate, *The Child and the State: A Normative Theory of Juvenile Rights* (Baltimore: Johns Hopkins, 1980).

⑪ Laura Purdy, *In Their Best Interest? The Case Against Equal Rights for Children* (Ithaca, N.Y.: Cornell, 1992),214–215.

七 童年健忘症

Childhood Amnesia

还是七岁小孩时,我问自己,我怎么才能知道我的记忆是可信的。我所关心的,并不是事情是否以我所记忆的那样真实发生过,例如,我对上次生日或入学第一天的记忆是否准确。我所感兴趣的是,我的经验可能会大片大片地从记忆里丢失,而我对此却浑然不觉。如果我的记忆充满裂纹,那么正是它自身的"裂缝"可能会掩盖这些裂纹。我又怎么能知道呢?

为了让自己放心,我设计了一个简单的实验。我故意选择极为常见又很不值得回忆的事件,并逐一编号。然后过段时间,我尽力回忆1号事件、2号事件,依次类推。我意识到,以后我可能忘掉整个实验。要是那样,我记忆中的一条裂纹可能会抹去我记忆中的裂纹实验。然而,如果我后来还能记得这一实验,如果还能回忆或者似乎能回忆(不然的话,相当无趣无聊的事件便会与"1""2"等数字相伴随),那么,我以为至少还能找到蛛丝马迹来证明,我许多清醒的生活依然安全地装订在我个人的记忆之书里。

当时我还不知道,按照约翰·洛克的说法,要想与那个

七 童年健忘症

正用盐与苏打（以妈妈所认为最好的混合方式）做成的混合物刷牙的七岁儿童是同一个人，要想与凯木登街（Camden Street）上小小房屋浴室中那个七岁儿童是同一个人，我就得"以任何当下动作相伴随的（我所具有的）相同的意识来重复与（那）过去的动作相伴随的意念"①。可是，我似乎已有这种观念：我是否是一个日常经验中保持同一性的主体，在我业余级别的实验里不知怎地，岌岌可危。

做过实验后的几个月里，我会花些时间一再回忆那些随意编有号码的事件，并做些反思。我很高兴这一方法多多少少让我相信，随着时间的流逝我一直是同一个人。

我也感兴趣于这样的问题：我的记忆能回溯多远？我最早的记忆是什么？在我小学期间的某一阵子，我发现我能回忆的最早的经历是，在1933年芝加哥世贸会（the Chicago World's Fair）上，我从一个封闭式滑梯上跌落，当时我大概四岁。我母亲认为这件事对她具有特殊意义。她显然认为我有能力照管好自己，可后来，我没能如她期待的那样尽快在滑梯底部出现，她为自己疏于监管而感到内疚。

也许是我听家人讲述这一故事，才牢牢记住了这一事件。我确信记忆里确实留有一些印象，那就是我记得在芝加哥，我确实从滑梯上滚下来过。服务人员要我将手放在身体两侧不动，于是我便尽力照办。可是，将双手按住身体两侧的一个结果是，我在下滑时失去平衡，身体翻了，速度慢下来，直至我的头部撞到滑梯底部的路面。显然这一撞够严重的，让这一事件更加难忘，幸好还没有严重到失忆的地步。

为什么我们在意我们最早记住的是什么？或许我们多多少少愿意接受上述的洛克推论（Lockean reason），这其实也是我设计记忆实验的理由。洛克认为，作为同一个人，比方说，衣柜顶部退色照片中的那个小婴儿与幼年的同一个人是很不同的。按照洛克的说法，作为同样的人[②]，是以拥有同一个身体为主要标志的，这个身体只是照片中的那个婴儿更晚阶段的身体。但他认为，如果是同一个人，就要有连接起来的记忆——对照片上被妈妈抱在怀里那一场合的记忆。

推想一下，其实那个婴儿的身体经过数年后，逐渐变成了我现在的身体，于是我与那个婴儿是同一个人。但是，照片显示我在某一场合被妈妈抱着，对此我没有记忆，于是（按照洛克的推论）我与照片中的那个婴儿不可能是同一个"人"。"我们仍然分明看到，"洛克写道，"任何时间，不论是过去几世纪，只要能被意识所扩及，则意识便能把距离很久的各种存在或行动联络起来，成为同一的人格者，

七 童年健忘症

就如它能把方才过去的存在和行动联络起来一样。因此，不论什么主体，只要能意识到现在的与过去的各种行动，它就是同一的人格，而且那两种行动亦就是属于他的。"③

所以，即便我与退色照片中的婴儿是同一人，然而，根据洛克的个人同一性之标准，我不再是同一个人。其实，作为一个人，至少作为我现在所是的这个人，我是从芝加哥世贸会封闭式滑梯上跌落那一时刻，才开始存在的。

看看一个人的家庭影集，或者看看一个人童年早期的家庭电影，其实很容易理解，那些照片中的幼童"并非真的是我"。对图像中的孩子产生生疏感的原因便是洛克推论，即这个人只是不能记得当时正在做的或正在体验的事情，而这正是图像中的那个儿童正在做或正在体验的。

西格蒙德·弗洛伊德（Sigmund Freud）似乎是号召关注童年健忘症（"婴幼儿健忘症"）的第一位童年研究者。这段摘自《性学三论》（*Three Essays On Sexuality*）的内容很有特色：

> 我想到一种奇特的健忘症。对于大多数人（虽然并非全部）来说，这种健忘症将其从童年的最初开端至六岁或八岁这段岁月隐匿起来。迄今我们还没人对这种健忘症感到惊讶，尽管已有充分依据这样做。我

们从他人那里了解到,在后来的日子里,有一些莫名的、碎片式的往事还残存于对这几年的记忆里,除此以外,这几年的记忆几乎是空白。而正是在这几年里,我们能以生动的方式对各种印象做出反应,我们能以人的方式表达痛苦和欢乐,我们被爱、妒和其他激情深深打动,这就证明那时我们能爱、会妒并产生其他激情。我们甚至能谈笑风生,而成人以此为证,认为我们拥有洞察力,认为我们开始具有判断力。诸如此类,在我们长大后,我们对自己(的过去和过去所拥有的这些能力)竟然一无所知!④

弗洛伊德紧接着这段文字,将童年健忘症与歇斯底里遗忘症联系起来,并对二者做了心理学的解释。他追问:"这种婴幼儿健忘症竟然也能与童年的性冲动扯上关系吗?"他的答案当然是肯定的。

弗洛伊德主张,精神分析有可能挖掘出目前我们尚不能抵达的童年记忆:"在精神分析治疗中,我们一直面临着填补童年记忆裂痕的任务;迄今,无论怎么说,精神分析治疗都是成功的——也就是说,成功率极高——我们也成功发现这些被遗忘的童年岁月里的东西。"⑤

确切地说,精神分析在挖掘童年记忆上有怎样的成功,

七　童年健忘症

这是有所争议的。可大致说来，它能取得的成功可能是对具有性意味记忆的挖掘——这些有代表性的记忆以某种方式涉及父母的性吸引。仅仅出于这一理由，即便一辈子的精神分析也只能揭开一个人幼儿时期或幼童时期清醒生活的一个碎片。

当然，当我们静下来想一想，我们便意识到我们只能回想起我们生活中的一个碎片，即便是回想上月或上周我们做了什么，也是如此。如果受到激发，我可能会想起我三四年级时的老师，或许还能想起在学校那些岁月里发生的一两个事件。可是，我无法想起每天都发生过什么，更别说想起每天的时时刻刻、分分秒秒了。所以，即便有些记忆可以让我将比方说六岁以来我每年的生活连接起来，但是，大部分清醒的生活经历还是永远地在记忆中消失了。

这么一件简单的事实可以引领我们去很好地理解对洛克的个人同一性的记忆标准最为著名的批评。洛克发表其记忆标准理论一个世纪后，苏格兰哲学家托马斯·瑞德（Thomas Reid）对它做了毁灭性的批评。⑥瑞德说，假设一位勇敢的年轻军官由于其英雄事迹而获颁勋章，而他还是小男孩时因为偷窃果园曾被打过。再进一步假设，他后来成为将军，这位年老的将军记得自己是勇敢的年轻军官时曾被授勋，并且那个年轻的军官记得自己是小男孩时曾被打过，而年老的将军已不再记得自己是小男孩时被打过。于是，我们使用洛克的记忆标准假说，便能得出一个矛盾的结论。这位老将军与那个因偷果园被打的小男孩既是同一个人又不是同一个人。说他是同一个人，是因为记得授勋的老将军与被授勋的军官是同一个人，而记得被打的年轻军官与偷果园的人是同一个人；如果 a = b，b = c，那么，a = c。然而，既然这位老将军记不得自己男孩时代因偷果园而被打的插曲，那么这位老将军与那个小男孩便不是同一个人。

所有产生矛盾结果的标准都是不能令人满意的。所以瑞德主张（我认为这种主张是正确的），洛克的个人同一性标准是不能令人满意的。

为了应对瑞德的反对，几位哲学家在近期提出了个人同一性的新洛克学派解释理论（a neo-Lockean account of personal identity）。[⑦] 按照新洛克学派的这一理论，即便那位老将军不再记得自己是孩子时挨打这件事，也与挨打的那个孩子是同一个人。只要有瑞德所描述的那条记忆之链就足够了。如果那位老将军记得自己是年轻军官时被授勋这件事，并且那位年轻军官记得自己是男孩时被打这件事，那么，这一新的（我们可以称其为）"联系标准"（linking criterion）就能得出这一结论：那位老将军与被

七 童年健忘症

打的小男孩是同一个人。

其实,"联系标准"不只是允许有单个的中介与过去的事件联系,而是允许存在你爱有多少就有多少个的中介。因此,如果我能记得在 1933 年芝加哥世贸会上从滑梯上跌落并且头撞到滑梯底部这件事,而这个在 1933 年芝加哥世贸会上从滑梯上跌落并且头撞到滑梯底部的儿童记得,在六个月前的圣诞节得到一辆滑板车,这个得到滑板车的儿童能记得此前六个月买了一双红色惠灵顿长靴,那么,根据"联系标准",我也是那个买了红色惠灵顿长靴的儿童,尽管买靴子这件事比我现在所能想起的最早记忆还要早整整一年。

"个人同一性的联系标准"这一新理论所做的,是涵盖更多我现在不能记得的事实——其实是更多更多我现在不能记得的事实。我是做过 A 的人,那么要么我能记得做过 A,要么我记得做过 B,并且做过 B 的人记得做过 A,或者我记得做过 C,而做过 C 的人记得做过 B,并且做过 B 的人记得做过 A,诸如此类,能涵盖你爱有多少就有多少个的中介记忆。

近期对幼儿记忆的研究表明,如果我们使用个人同一性的这类联系标准,那么,在规范的个人同一性的洛克式标准那里当然会遗失的童年早期甚至是幼儿期,终于又属于我们了。有实验表明,仅六个月大的婴儿的记忆经验对两年后的这个孩子来说依然可以想到。⑧所以，片段式记忆的能力可以延伸至幼儿早期。可是最终，随着我们长大，几乎所有早年的片段式记忆显然是消失殆尽了。

在三岁儿童那里，所谓的自传式记忆（autobiographical memory）开始发展。⑨到这时，我们至少可以给个人记忆一条小小的"故事线索"。与我们所能讲述的我们生活的故事似乎风马牛不相及的片段式记忆便会逐渐退出。

对于一个成人来说，童年的许多事情已经无法直接回想了。或许童年的这些事情从来就没进入"长期记忆内存"（long-term-memory bank），或许它们进入了内存，但后来被发展起来的自传式记忆排挤出去了。可是承认这一事实并不会让我认为，我的童年自我是天外来客，也不会让我认为，比方说，在三年前的十月三日去银行从我账户取出七十五美元的那个人是天外来客。（他就是我！）我现在不记得自己就是那次在我的账户里取出七十五美元的那个人，但后一周当我核对银行存折时我还记得那次我取过钱。再下一周当我订制新的支票簿时，我还记得我核查过银行存折，等等，这样的一套相互关联的记忆链接将我的首次经验与我当前的生活、经验和记忆连接在一起。

我童年的情况也是如此。我不记得我上学第二天的情况。但我还记得一周后，一位朋友的妈妈问我第一周上学的情况。再下一周，我记得上周被问及上学第一周的情况，尽管对上学第二天的直接记忆已经消退了。因此，还是有记忆联系（memory links）将遥远的那天与今天连接在一起。

发现我刚才所云令人满意，这并不能排除这种猜想：人的记忆里存在有趣的心理上的裂纹，这就意味着对自己童年的记忆也存在有趣的心理上的裂纹。或许弗洛伊德学派或其他人对健忘症的解释有助于我们理解之所以存在这些裂纹的原因。这并不是说，我们记忆中的童年通常与我们没有关联。整体而言，我们没有理由与我们的童年疏远。将我们与我们早期的自我连接起来的"记忆联系"可能错综复杂；不过，正是"记忆联系"将我们与去年或上个月甚至昨天所享有的日常生活连接起来。

---

① *An Essay Concerning Human Understanding*, Book II, ch. 27, sec. 10 (New York: Dover, 1959), 451.
② 洛克这里所说的"人"，指的是种族意义上的"人"。——译者注
③ Locke, *Essay*, Book II, ch. 27, sec. 16, 458. 这里使用了关文运的译文，见洛克著、关文运译：《人类理解论》，商务印书馆 1959 年版，第 316 页。
④ In the Standard Edition of *the Complete Psychological Works of Sigmund Freud*, Vol. 17, ed. James Strachey (London: Hogarth, 1953), 174–175.
⑤ *Introductory Lectures on Psycho-Analysis*, in the Standard Edition, Vol. 15 (London: Hogarth, 1963), 201.
⑥ Thomas Reid, *Essays on the Intellectual Powers of Man* (1785), ch. 6, "Of Memory."

⑦ See John Perry's Introduction to *Personal Identity*, ed. John Perry (Berkeley: University of California, 1975), 3–30.

⑧ Eve Emmanuel Perris, Nancy Angrist Myers, and Rachel Keen Clifton, "Long-Term Memory for a Single Infancy Experience," *Child Development* 61(1990), 1796–1807.

⑨ Katherine Nelson, "The Psychological and Social Origins of Auto-biographical Memory," *Psychological Science* 4 (1993), 7–14.

八 童年与死亡

Childhood and Death

有两部现代儿童文学经典之作直接谈论死亡,许多成人了解后极为惊诧。之所以惊诧,是因为他们深深感到与儿童谈论死亡,这个主意本身是极为不妥的。E. B. 怀特(E. B. White)所著《夏洛的网》(*Charlotte's Web*)①以及娜塔利·巴比特(Natalie Babbitt)所著《塔克一家长生不老》(*Tuck Everlasting*)②不仅是儿童真正喜欢的好书,而且还是试图严肃谈论"人必有死"这一常识的书。

《塔克一家长生不老》是一部富有哲理的探险故事。故事的情节跌宕起伏,再配以一气呵成、生动活泼、引人入胜的文学特色,最终让女主角温妮(Winnie)相信:有着生老病死的凡人生活远远胜过滞留在十岁或十七岁或四十二岁的那种长生不老的生活。

十岁的温妮·福斯特正从她家树林里那眼泉水接水喝,突然被梅、塔克及其两个儿子劫走了。塔克家的人后来向温妮解释,他们全家人——爸爸、妈妈和俩儿子——在八十七年前喝过那泉水。结果他们都不再变老了。"如果你今天喝了,"梅告诉温妮,"你会永远滞留在小女孩的状态,

八 童年与死亡

再也无法长大。"

塔克这家人说,他们无法融入周围社会,甚至不能在某个地方久待。正如梅所说:"人家会觉得我们稀奇古怪。"

更根本的是,塔克这家人就是难以融入这个世界。在夏天的某个晚上,乘着小船,梅的丈夫塔克想做些解释。他说:"每件事物都像轮子,转呀转呀转个不停。青蛙是轮子的一部分,虫、鱼、画眉鸟也是,人也一样,可是永远不会保持不变。一直会更新,一直会生长、变化,一直会变动不居。事情本该如此,其实也是如此。"③这时小船搁浅了,塔克先生便以此类推:

> 这不,小船现在搁浅了。如果我们自己不能挪走小船,小船就会永远停在这里,想挣脱但动弹不得。温妮,我们塔克一家就处在类似境地。搁浅了,动不得了。我们不再是轮子的一部分。温妮,我们被落下了,被甩在后面了。可在我们周围的所有地方,事物都在运动、生长、变化。④

温妮一度破口而出:"我不想死。"塔克回答:

> 现在你不会死,还没到你死的时候。可死是轮子

的一部分,死紧挨着生。你无法只拣你喜欢的部分,其余全丢掉。能作为整体的一部分,这是福分。可它却离我们、离我们塔克一家远去了。活着是不容易,可脱身走到另一边,走到"我们"这一边,也没劲。真没意思。假如我能知道怎么爬上轮子,我会立马爬上去。没有死,就没有生。所以你不能称这就是活着,不能称我们现在是活着的。我们只是像路边的石块,我们只"在场"。⑤

《塔克一家长生不老》逐步将读者(无论是儿童还是成人)推向这一结论:一切生命(包括正在活着的生命)都有一个起点、中点和终点。当故事的女主角面临如下选择,是永远留在童年还是过常态的生活时,她最终选择了必有一死的常态生活。读者无论是九岁还是八十九岁,很可能赞同这一选择;如果不赞同这一选择,至少可以理解这一选择。

学校的教师和图书管理员报告说,孩子们都非常喜欢这本书。无疑,对于许多成人,尤其是那些无法直面自己难免要死的人来说,你要是告诉他们儿童读物应当直面这一话题,或者,他们能在阅读这类书中受益,那么,他们会产生反感。这就是他们的错了。其实,我曾听到一所学校的图书管理员证明,让父母与孩子在公开场合讨论该书是

八　童年与死亡

不无价值的。这位图书管理员组织了"最佳儿童读物"读书会,《塔克一家长生不老》就是"最佳儿童读物"之一。相互讨论这部作品时,儿童放得开,想得深。他们尤其好奇父母对该书有何反应。由于死亡话题在家里从未提及,所以他们不知道父母对这个话题会说些什么。讨论会促使父母们向自己的孩子发表他们对死亡的看法。尤其是在对如此睿智的故事发表自己看法的时候,父母们表达了自己对死亡的畏惧和焦虑。对于有机会就此话题在孩子们面前发表自己的看法,父母们在讨论会的最后表达了感激之情。

与《塔克一家长生不老》相比,在某种程度上,《夏洛的网》流行之广、影响之巨更是令人吃惊。这是因为这本书里有不少段落与下面这段类似:

> 他一想到死,就开始战栗。
> "夏洛,听见了吗?"他轻轻地说。
> "威伯,什么事?"
> "我不想死。"
> "你当然不想死。"夏洛轻声抚慰他。⑥

无可否认,威伯只是一头猪,而夏洛只是一只蜘蛛。可是,人们读到这里毫无疑问会认同这些角色很像人。故事发生的背景设在谷仓外面的院子，角色不只是动物，而是会说话的动物，这就多多少少让我们与"人必有死"的话题，至少是"真实世界"里"人必有死"的话题，拉远了距离。毕竟，这是关于一只会说话的猪难免一死的话题，这是关于一只会说话的蜘蛛难免一死的话题。

虽然如此，角色尽管与"真实生活"有一点点隔膜，但也并不遥远。它们对自己处境的谈论，让人感同身受，让人感觉这与人类的生与死几乎无异。

在长大成人以前，我们大部分人都曾说过或听过极类似于威伯所说的话。我还记得在我读研究生期间，我的朋友、柏林来的交换生克劳斯告诉我，深更半夜里，他被我们俩都认识的一个学数学的印度研究生仙提叫醒。

"什么事呀？"克劳斯问，他正挣扎着清醒起来。

"我不想死。"仙提说。

克劳斯曾是"二战"时随德国军队驻苏联前线的卫生兵。我亲耳听过，他将自己的战争经历与托尔斯泰《战争与和平》中安德烈公爵参加前线战争的经历，做过绘声绘色的对比。那时他自己头脑中就多次闪现过仙提的这一想法。

"你当然不想死。"他对仙提说。

在《夏洛的网》中，夏洛所做的可不只是安慰她的朋友威伯。她在自己的蜘蛛网上写下赞美威伯的话，这就让

八 童年与死亡

威伯变成了一只出名的猪,从而免遭屠宰。E. B. 怀特让这篇故事的读者明白,作家有时确有本事让其笔下的人物比其作者活得更长久。

夏洛一开始就知道,她自己注定要在夏末死去。这一动人的讽喻手法将故事的悲剧色彩凸显出来。她气力将尽,所能做的最后的努力,就是生产一个大袋子装卵,这是她拥有来世生命的唯一希望。

在那些未经历过疾病或死亡威胁的儿童中间,《夏洛的网》大受欢迎。可在那些濒于死亡而与疾病作斗争的儿童生活里,该书也享有特殊的位置。这正如米拉·布鲁邦德－朗格(Myra Bluebond-Langner)在其研究白血病儿童的开拓性著作《临终儿童的私密世界》(*The Private Worlds of Dying Children*)中所写的:

> 这帮儿童最喜欢的书是《夏洛的网》。
> 当玛丽和杰弗里到了第五阶段(完全了解到自己的病情),这是他们唯一想读的书。处于第五阶段的几个儿童在临终时让人将其中的几章读给他们听。可正如一位家长所说:"他们从来不挑欢快的章节。"他们总挑夏洛将死那章。这些孩子(在小儿科肿瘤病房)去世后,这本书在余下的孩子们中间又流行起来。⑦

在近期出版的一本论文集《儿童与保健：道德与社会问题》里，两位哲学家罗莎琳德·艾克曼·莱德（Rosalind Ekman Ladd）与洛雷塔·科培尔曼（Loretta M. Kopelman）就《夏洛的网》之所以在临终的白血病儿童中如此流行的原因，以及他们从中会得到怎样的信息这两个问题做了探究。根据莱德所言："整本书所表达的核心价值观是：自然的便是善的；自然的、与自然一致的死亡是善的死亡，是可接受的死亡；但是，不自然的死亡是恶的死亡，是应当对其抗争的死亡。"⑧以此而论，威伯还是一只嫩嫩的小猪时所面临的首次死亡威胁以及稍后所面临的被屠宰以做成肉食品的死亡威胁都是恶的、应当抗争的。而夏洛正常地过完一辈子后，她的死是善终，是可以接受的。

莱德试图以此说明夏洛的死是善终：

> 她知道自己身上将会发生什么事，她为此做了盘算，产了卵，告诉朋友去日无多，并向他们告别。她的先见之明和及早安排，让浓浓的平和安宁将其死亡笼罩。尽管蜘蛛一生的长短是个定数，难以改变，可夏洛依然能够对自己的死法做些选择。她的第一个选择是与威伯一道赶集，尽管这意味着，她可能死在外头而不是在家里寿终正寝。其次，她选择用最后的日

八 童年与死亡

子在自己的网上编织文字来帮助威伯。⑨

莱德指出,家人和医护人员会帮助儿童做些选择,这会让他们的死更接近于夏洛的"善终"模式。可是,临终儿童或罹患致命疾病的儿童会从不同渠道获知,儿童的死根本就不是自然的。

洛雷塔·科培尔曼在与莱德进行商榷时,将《夏洛的网》看作对恶的问题的回应。("如果造物主是善的,是全能的,那么,为什么会让无辜者受苦受难并早夭?"⑩)她将怀特这本书对"恶的问题"的回应与柏拉图的回应做了对比:

> 柏拉图和怀特对世界上的苦难与邪恶的描绘似乎不同。对柏拉图来说,无关道德的痛苦、早夭、损毁等邪恶是无法从世界清除的,这是因为它们是世界的一部分。人无法让无序的世界完全适合于善与正义的真实概念。这不能怨谁,这是有限界的必然特征。但是,怀特《夏洛的网》所描绘的是,不仅世界是如其所能的善(柏拉图会同意这一观点),而且,从正义的角度来看时,恶有其目的,否则会如梦幻泡影般消失。生命本身就是胜利、奇迹和荣耀。⑪

为了支持她的理解，科培尔曼引用了《夏洛的网》倒数第二段：

> 在威伯余生的那些日子，朱克曼先生对他精心照顾。经常有朋友和仰慕者来看望威伯，谁又会忘记威伯的胜利和（夏洛）蛛网上的奇迹呢？谷仓里的生活很不错——不论白天还是黑夜，冬天还是夏天，春天还是秋天，不论是雾霾密布的阴天还是阳光明媚的晴天，谷仓里的生活都是一样美。威伯想，这真是能待的最好的地方了，这温馨的仓底，有鹅嘎嘎不休，还有季节变换，有太阳送暖，有燕子去来，有老鼠为邻，有绵羊相似得难辨彼此，有蜘蛛们相亲相爱，有农家肥气味飘荡，一切都是喜气洋洋。⑫

儿童将死，这是一种特殊的恶。对这种特殊的恶有两种反应，科培尔曼对这两种反应做了对比：

> 柏拉图认为，自然会被"玷污"，苦痛与折磨只是有限界的病态特征。儿童患病和受罪是自然里有"一只黑手在捣鬼"。怀特所认为的另一种观点可以解释，

八 童年与死亡

面临死亡的儿童为何会发现《夏洛的网》有抚慰作用。这本故事书表达了恐惧，但也向我们保证：一切都是尽其可能的善；它解释说，邪恶与苦难是必需的，死亡没有苦痛，那必死者（威伯）会得到拯救。人"绝对不会没有朋友"，所以他不会遭到抛弃。这临终之人（夏洛）善良又智慧，是人们关心关注的焦点。她作为善良友人和成功人士会受到永远的爱戴与缅怀。生命会得到重生并世代相续："每年春天里都会有蜘蛛宝宝诞生。"⑬

我怀疑并不会有许多父母或医护人员会跟儿童严肃讨论恶的问题。因而他们可阅读一些故事书，以故事的形式来讨论这一问题，这至少是回应这一问题的重要方式；这种做法是不会有错的。

有人肯定会持不同的意见。这些人会说，所有这些讨论都情绪化地过度诠释了幼小儿童的能力与反应。这些持异见的人会坚持说，发展心理学家已经揭示幼小儿童没有能力充分认识死亡概念。因此，罹患致命疾病的幼小儿童难以理解他们所面对的威胁，也难以将致命疾病看成恶这一问题的呈现而加以讨论。

苏珊·凯利（Susan Carey）在其《童年概念的变易》

中报告:"有关儿童对死亡的理解,这方面的临床研究文献是十分丰富的",所有作者"一致认为儿童对死亡的理解经历三个时期"。[14]对儿童理解死亡的发展阶段的研究文献,凯利做了综述。其中,儿童对死亡理解的第一阶段是这样的:

> 第一阶段以五岁及其以下的儿童最为典型,死亡概念与睡眠、离别相似。死亡对情绪的影响,来自于儿童的以下看法:死亡是悲伤的别离,也可能是最大的攻击行动,或者二者兼而有之……在此阶段,死亡不会被视为无可更改或者无以避免的。就像人从睡眠中醒来或旅途归来,所以人能死而复生。尽管儿童将死亡与合上眼睛与身体不动联系起来,就像睡着一样,但是,他们不能领会死亡是身体各种功能的完全终止。他们也不理解死亡的起因。尽管他们能提及疾病或事故,但很明显,他们难以想象疾病或事故导致死亡的机制。[15]

她对下一阶段的综述是这样的:

> 儿童理解死亡的第二阶段(小学低年级)正处于过渡状态,不同的研究给出不同的特征。所有作者都

认为，儿童这时将死亡理解为最终的结局，他们也能理解死人不再生存的含义。然而，儿童依然将死亡视为由外部行为者引起……儿童还不能将死亡理解成这些外部事件在身体内部所引发的结果。⑯

以下是第三阶段：

在最后一个阶段，死亡被视为一个必然的生物学过程。这样的死亡观大约在九岁或十岁首次明确起来……当问及死亡的原因，一位非常聪明的十二岁儿童答道："当心跳停止、血液停止循环，人就会停止呼吸，这就是死……对的，有许多情况会引发死亡，可并非真的就一定死亡。"⑰

儿童对死亡的理解是分阶段的。无疑，人们会对这一主张提出各种各样的诘难。如果这一主张是大致正确的，那么，我们便没有正当理由与幼小儿童——比方说九岁以下的儿童——讨论死亡，更不用说讨论儿童的死是恶问题的展示了。这是因为比较年幼的儿童还不理解死是最后的终结。

在对几乎所有病人（包括儿童患者）的治疗方面，有一套涉及病情告知的伦理议题。医生应当将诊断和预后告诉病人多少？儿童如何获得一个适切的死亡概念，对此问题所做的标准的发展理论解释（the standard developmental account）向我们提示，对于遭遇危及生命的事故或疾病的第一、第二阶段的儿童来说，病情告知根本就不是需要考虑的问题。由于这些病人对死亡只有原始的理解，因此，对危及生命的事故和疾病引发的威胁，他们的认识是有缺陷的，所以他们无法处在认知的立场上评估所告知的病情。或许医疗团队需要以处理成人恐惧症的方式来处理这些儿童的恐惧；可是这些病人在认知上显然没有能力来理解所告知的真实病情。

这就引出一个相关的问题——决策。一个受重伤或得重病的儿童在事关治疗的决定上（如果需要儿童参与决策的话）能发挥什么作用呢？尽管同意治疗对于儿童患者来说不是法定的必要条件，可是，假如儿童被尊为具有其自身权利的人，那么，或许在决策过程中做某种参与是道德方面的要求。但是做何种参与呢？

同样清晰的是，这似乎与标准的发展理论解释存在相关性。为了在自己的医疗决策中发挥有意义的作用，患者必须多少了解一些自己的疾病或创伤的严重程度，并对相应的各种治疗在多大程度上获得成功或遭遇失败，心中多少有点儿数。对死亡所知有限，或者对死亡的理解存在欠缺的儿童，还不具备了解致命的疾病或伤害的能力，因而他们在选择最佳治疗路线上难以扮演理性的角色。

儿童对于死亡的理解是如何逐步发展的，对这一问题所做的发展心理学的解释，为九岁以下儿童在告知病情的诊断与预后以及同意治疗两方面完全由家长包办代替，似乎提供了担保。这会鼓励人们这样认为，尽管对儿童病患者的管理应当最大地减少患者的痛苦，但这并不真的需要（也不可能真正地）尊重病人的自主权，于是，自主权所要求的认知能力便在幼小儿童那里不知所踪。

在我们如此心安理得地接受儿童患者医疗中的家长包办代替之前，我们需要反思一下那些作为"死亡概念"研究对象的儿童的经验。他们许多人仅仅有过宠物死亡的经验。即使在研究的年龄范围内的儿童经历过家人的死亡，那也很可能是祖父母的死亡，而不是父母或手足同胞的死亡。

当然，在这一年龄范围内也有儿童失去父母、手足同胞或好朋友，也有儿童自己遭受危及生命的创伤或患有绝症，他们其实就是我们重点关注、追问他们是否或在多大程度上应当被告知病情或允许参与治疗决策的上面那组儿童。这些特别的案例，在建设儿童如何获得死亡概念的理论方面，难以发挥重要作用。我们需要明确地提出这一问题，即标准的发展理论的解释是否可用于这些案例。

米拉·布鲁邦德－朗格在其《临终儿童的私密世界》中的研究与此有特别的相关。布鲁邦德－朗格研究的是急性淋巴细胞性白血病的受害人。她是1971—1972年做这项研究的，那时对患有此病者的预后几乎是没救的。在其研究的五十名病人中，三十二名是"报告人"，十八名是"主要报告人"。他们的年龄是从三岁到九岁。十八名主要报告人中，有六名在这项为期九个月的研究结束后依然活着。五年之后，当布鲁邦德－朗格完成该书写作时，所有患者均已过世。

布鲁邦德－朗格的研究显示，尽管儿童在理解与应对可能突然降临的死亡方面存在可识别的阶段特征，可是，这些阶段是与他们对绝症的生命体验相关的，而绝非与他们的年龄相关。以下这些阶段为布鲁邦德－朗格所发现：

儿童首先了解到"它"（不是所有儿童都知道这种疾病的名称）是一种很重的病。[第一阶段]他们此时会累积药品的名称和副作用等信息。儿童到了第二阶段，他们知道药品何时用、怎么用以及随之而来的后果。在第三阶段儿童了解到，配药需要特别的手续，副作用发生时需要额外治疗。儿童有能力做这种了解，是第三阶段的标志……但他们只是将每次手续、每次治疗视为相互独立的事件。到了第四阶段,他们才能将治疗、手续、症候放入一个更大的视野内考虑。此时,儿童已能了解疾病的整个过程——该病是一系列的复发与缓解,人会以相同的方式一病再病;即使药物有点效果,可药效持续的时间总不如预期的那样久。直至第五阶段,儿童才了解到,病痛的循环至死方休。于是他们意识到,治疗该病的药品种类有限,当这些药品对病情不再有效,那么死亡便会来临。⑬

当然,每个到达第五阶段的儿童,都将死亡理解为一切生物功能不可逆转的停止。达到这一阶段的每个儿童都知道,死神的降临不是在虚幻未来的某一时刻,而是很快就会到来。因此,布鲁邦德-朗格所研究的到达第五阶段的每个白血病儿童患者,对死亡的理解包含发展心理学所说的最后阶段的所有要素。

布鲁邦德-朗格的阶段理论可能被视为皮亚杰学派的理论,但它有一个关键特征与皮亚杰不同,即这一阶段理论与儿童的年龄顺序完全无关。这一特征也让布鲁邦德-朗格对阶段的阐释与标准发展理论的解释有所不同。

布鲁邦德-朗格如此解释儿童经验的重要性:

经验在社会化进程中的地位有助于阐释儿童为何能以不同寻常的长度留存于既定阶段而不进入下一阶段。例如，汤姆在第四阶段留存一年，而杰弗里在第四阶段只留存一周。由于进入第五阶段的时长依赖于听到另一儿童患者死亡的消息，而汤姆进入第四阶段后没有患者死亡，所以他难以进入第五阶段。当詹尼弗死亡时，她是那年死亡的第一位儿童，所有处于第四阶段的儿童，不论其在第四阶段留存多久，全都进入了第五阶段。

经验在意识发展中所发挥的作用也能解释，年龄和智性能力何以与儿童经历各阶段的速率和完整性是无关的。一些智力平常的三四岁儿童所知道的自己病情的预后要比一些非常聪明的九岁儿童还要多——这些九岁儿童还处于第一次病情缓解期间，很少去看医生，因而缺少经验。[19]

显然，标准发展理论对儿童何以获得死亡概念的解释，并不适用于那些与其他绝症病童一起住院治疗的绝症病童。或许人们可从这些发现中推断，如果我们将儿童放入一个连续体中，该连续体以"对死亡没有任何直接经验"为一端，以"病入晚期并与其他绝症病童一起接受治疗"为另一端，那么，绝大多数儿童的经验会居于两个极端之间；大多数儿童或许会更靠近对绝症极端无知这一端，而非另一端。

标准发展理论对于儿童何以获取死亡概念的解释，充其量只是对于那些在"常态"范围内对危及生命的事故与疾病一无所知的儿童来说，是令人满意的。这种解释不适用于那些与绝症抗争而获得大量经验的儿童。因此，这种解释也与以下伦理问题难以关联，即是否将残酷的病情预后向绝症病童透露，或者是否征求儿童参与医疗决策。

其实有些证据显示，治疗患绝症的儿童时，将病情预后告知他们，在决定治疗方案时征求他们的意见，这种真正尊重他们自主权的做法，极其明显地会使儿童在获得心理健康并免于严重沮丧方面获得更多机会。[20]

无疑，面对死神即将来临的一些儿童，正是由于这种原因，他们会有重要的事情告诉我们并与我们一起讨论，假如我们有足够的坚强去听去分享的话。可是，与这样的儿童讨论，即便有诸如《塔克一家长生不老》或《夏洛的网》这样的故事相助，依然要求我们不仅要有开放的胸怀面对儿童，而且还要有开放的胸怀面对那我们成人也极难驾驭的死亡之思。家里有受到致命创伤或患有绝症的儿童，对父母的自负与虚荣是极大的威胁。如果我们能学会真诚应对这种威胁，学会以尊重和爱的心态应对这样的儿童，那么在自身成熟度的发展上，我们将会迈出一大步。

① E. B. White, *Charlotte's Web* (New York: Harper Collins, 1980). 此书中文版译为《夏洛的网》。E. B. 怀特（Elwyn Brooks White，1899—1985），美国作家，除挚爱写作随笔外，他还为儿童写了三本书：《斯图尔特鼠小弟》(*Stuart Little*，1945年初版)、《夏洛的网》(1952年初版) 与《吹小号的天鹅》(*The Trumpet of the Swan*，1970年初版)。以上三书有任溶溶译、上海译文出版社2004年出版的中译本。——译者注
② Natalie Babbitt, *Tuck Everlasting* (New York: Farrar, Straus and Giroux, 1975). 此书中文版译为《不老泉》，是美国儿童文学作家娜塔利·巴比特（Natalie Babbitt，1932— ）于1975年出版的儿童幻想小说。1982年，娜塔利·巴比特因其儿童文学创作上的杰出贡献，而获颁两年一评的国际安徒生大奖。——译者注
③ Natalie Babbitt, *Tuck Everlasting*, 56.
④ Ibid, 56.
⑤ Ibid, 57.
⑥ E. B. White, *Charlotte's Web*, 62.
⑦ Myra Bluebond-Langner, *The Private Worlds of Dying Children* (Princeton, N.J.: Princeton University Press, 1980), 186.
⑧ L. M. Kopelman and J. C. Moskop, eds., *Children and Health Care: Moral and Social Issues* (Dordrecht: Kluwer, 1989), 109. 中国人将这种善的死亡称为"善终"，包括寿终正寝、作古、登仙、升仙，等等；将这种恶的死亡称为"不得善终"，包括夭折、遇难、遇害、瘐毙，等等。——译者注
⑨ Ibid, 115.
⑩ Ibid, 126.
⑪ Ibid, 126-127.
⑫ E. B. White, *Charlotte's Web*, 183.
⑬ L.M. Kopelman and J.C. Moskop, eds., *Children and Health Care:Moral and Social*

Issues, 127.

⑭ Susan Carey, *Conceptual Change in Childhood* (Cambridge, Mass.: MIT Press, 1985), 60.

⑮ Ibid, 60.

⑯ Ibid, 61.

⑰ Ibid, 64.

⑱ Myra Bluebond-Langner,*The Private Worlds of Dying Children*, 167.

⑲ Ibid, 169.

⑳ R. Nitschke et al., "Therapeutic Choices Made by Patients with End-stage Cancer," *Journal of Pediatrics* 101 (1982), 471–476.

九 儿童文学

Literature for Children

成人为儿童所写的故事必然会有什么"诓骗"吗?有人就这样想。杰奎琳·罗斯(Jacqueline Rose)的著作《〈彼得·潘〉研究》其副标题便是"儿童小说之不可能"。①罗斯写道:"儿童小说之不可能,不是说不能写儿童小说(这种观点很荒谬),而是说儿童小说勾连于一种不可能(it hangs on an impossibility)……这是成人与儿童之间不可能发生的联系。"(第1页)

罗斯认为,使成人与儿童在儿童文学里不可能发生联系的那种东西,是成人与儿童之间所存在的"鸿沟"。"儿童小说将儿童定位为其创作过程的旁观者,"她接着说,"其目的在于引诱儿童'上当'而毫无愧作。"(第2页)

当然,旨在"引诱读者上当"的所有小说都采用一种明显的方式。小说作者是讲故事的人,这些人所编所讲的故事好像是在诉说真实发生的事情。

对此你可能会有不同看法,认为至少成人读者很少会上当。因而你会认为,成人通常会知道自己在读虚构的小说而不是真人真事;而对于真人真事与虚构的小说之间的基本差别,以及某一故事是真的还是假的,儿童远远不如成人清楚。

我根本就不信,儿童所读所听的故事总会让他们"上当"。至少我不信许多儿童会认为,虚构的故事里所发生的事情"真的发生过"。总之,让儿童认为纯粹虚构的事情是真实的,这并不能让儿童上当;这才是罗斯最感兴趣之所在。让她比较上心的是,儿童小说可能是在成人对理想化的儿童之病态迷恋(这一迷恋可能是某种无意识的或被压抑的性欲)的促动下创作出来的。

可以发现,小说作家尤其是儿童小说作家的写作动机是复杂的,我并不希望对此轻描淡写。众所周知,优秀作家就是艺术家,而心理学研究中最有魅力的被试里就有艺术家。但我觉得我们应该怀疑,全部或者大部分儿童故事作者的写作动机,比其他类型的小说作者更复杂或更值得质疑。

罗斯对儿童文学作家及其所创作的故事抱有深深的怀疑。与此相对照(这种对照富有教益),让我们来看看W.H.奥登(W. H. Auden)撩人的评论。奥登写道:"有些书是很好的,但只适合成人阅读,因为要理解这些书必须以成人的经验为前提。可是,专门为儿童所写的书里是没有好书的。"[②]奥登的这种观点无疑是正确的,即一本好的儿童读物是这样的,读者不需具有成人的经验就能理解或欣赏。我认为奥登所坚持的这一观点也是正确的，即就一本好的儿童读物而言，读者不必"缺乏"成人经验，或不必"缺乏"成人的老成老到，依然能欣赏这本书。这其实是很重要的。

如果一本为儿童所写的好书，仅仅是一本不以成人的经验或成人的老成老到为前提的好书，那么，儿童文学的作者与读者（听众）之间的"鸿沟"也就消解了。这怎么可能呢？怎么可能会有成人完全像儿童一样欣赏的那种书呢？人们会设想，这种情况发生的唯一途径就是这本书能让成人沉迷于怀念更早更天真的生命。如果这是对的，那么，一本好的儿童读物为了另一种理由就不得不"诓骗"读者，不得不鼓励读者假想：他们又变成了儿童。

儿童读物无疑能经常勾起成人对童年的"乡愁"。这种乡愁会以各式各样的面目呈现。它可能是对自己童年的怀旧——或许，回忆童年所听到的一个故事或类似的故事便能诱发乡愁。或者，故事里的角色和境遇让人想起自己的童年，这也有可能带来乡愁。或者，乡愁只是对一个更为淳朴世界（儿童的双眼看到的或呈现的世界）的渴望。

在前一章，我们讨论了老少皆宜皆喜欢的两部儿童故事经典作品，这两部作品讲述的是与人类生存相关的公共话题：人必有一死。娜塔利·巴比特的《塔克一家长生不老》以及 E. B. 怀特的《夏洛的网》鼓励读者（不论老幼）以清新的方式对死亡的意义加以反思，从而以最诚实的哲学方式处理最吓人的"死亡"话题。其他儿童故事同样是具有哲学意义的，即便它们很少涉及人类生存话题。

让我们看看艾诺·洛贝尔（Arnold Lobel）精彩的作品集《青蛙与蟾蜍——好伙伴》③中的故事《花园》。在这篇故事里，蟾蜍以他的朋友青蛙为模仿对象，紧随其后，尝试在花园播下种子。可他发现种子没有立即发芽破土，于是便喝令种子快长快长。青蛙告诉他这会吓唬到种子。蟾蜍想到他可能把种子吓着了，便非常惊恐。为了安抚这些种子，他在种子周围点上蜡烛，对着种子唱歌、读诗又奏乐。蟾蜍费尽苦心，依然未能产生立竿见影的效果，于是悲叹："它们一定成了全世界吓得最惨的种子了。"他筋疲力尽，很快沉入了梦乡。

青蛙叫醒蟾蜍，告诉他一个喜人的消息：种子终于发芽啦！蟾蜍当然很高兴，悬着的那颗心可以放下了。他用双手抹扫了一下额头，感叹道："还是你说得对，青蛙，这个活确实很苦很累。"

我曾将这篇故事读给不同年龄的听众，所以在这方面积累了许多经验。我可以作证，这篇故事既能立即吸引人，又有持久的吸引力。蟾蜍赤子般的天真不可能不打动我们。青蛙尽力帮他那位多少有点头脑简单的朋友，无论我们是四岁还是七十四岁，对此自然会产生共鸣。不过，这位写故事的人其真正天才显示在这最后一行："还是你说得对，青蛙，这个活确实很苦很累。"这最后一行会让每个人——从三岁到八十三岁——会心一笑，继而咯咯咯地笑出声来。

其中的笑料意味深长。读者或听众不会有人认为，对着种子唱歌、奏乐、读诗会让它们发芽、成长。可为什么不能呢？

教非形式逻辑的老师时常使用拉丁语"post hoc, ergo propter hoc"来表达这种意思："发生于其后者必然是其结果。"有人会说，这个故事是将非形式逻辑方面的谬误戏剧化了。例如，种子的生长发生于读诗之后，这一事实自身并不能充分证明，是读诗引起或有助于种子的生长。

当然，读诗之后种子便生长，如果有许许多多这样的案例，那么，对于建立这一因果假设是比较有意义的，尽管也许并不具有关键意义，除非我们还能找到这样的案例：诗歌已读过了，可是种子竟然没有发芽。这一新发现可能会促使我们意识到有进一步研究的需要。我们想知道，种子发芽是不是整整一夜烛光的长时间照耀引起的，而不是由于阅读诗歌引起的。

现在我们被拖进来解决一个很难的任务，我们需要那种既必要又充分的证据来确立"一事是另一事的起因"。一般性的问题属于哲学，而是什么导致种子生长这类具体的问题则属于植物学或农艺学。对嫩芽或庄稼演奏音乐这类做法是否有效，其实是容易引起争议的话题。

蟾蜍真诚地认为，让种子生长出来是件很苦很累的工作，这当然是闹笑话。这种笑话提醒我们意识到自己的无知，意识到自己的所知本身未必可靠，同时也鼓励我们对这种事情多做思考。以此观之，这个笑话可以激发人的哲学思考。点亮蜡烛是否为种子生长的原因，这个问题对儿童来说是新奇的，是迫切地想知道答案的。与此相比，成人对这一问题则失却了这种新奇和迫切。大多数成人会依照习俗常规来认定什么是真的起因；与儿童相比，我们成人在认识上只有虚假的优势。除非我们是相当成熟老到的哲学家，否则我们就无法明确此事件成为彼事件之起因的必要条件和充分条件。

艾诺·洛贝尔那本作品集里的每篇故事都含有一句话，用以生成激发哲学思考的笑料。以《恶龙与巨人》为例，这篇故事谈的是勇敢，如果我们是诚实的，我们也会承认勇敢是很难界定与鉴别的。青蛙和蟾蜍问自己，他们正在阅读的故事中角色的做派是否勇敢；这篇故事便是以两人的自问作开端的。那些角色与巨人作战，并杀死恶龙。为了判定他们自己是否也很勇敢，青蛙和蟾蜍去照镜子。"我们看起来很勇敢，"他们说道，"是很勇敢，但我们真的勇敢吗？"他们很想知道。

为了证明自己勇敢，青蛙和蟾蜍动身去完成爬山的任务。在完成任务的过程中，他们遇到了一只老鹰、一条毒蛇和一次雪崩——全是青蛙和蟾蜍的天敌。如果他们的行动不是那么慌作一团和歇斯底里，那么，他们躲过这些威胁可能还算归功于自己的勇敢。最后，他们跑回蟾蜍的家，一个跳上床，扯住被子蒙上头，另一个跳进壁橱，将门关严实。他们各自待在自己的藏身之所很长时间，"只觉得两个人在一起非常勇敢"。

这篇故事的最后一行"只觉得两个人在一起非常勇敢"，使用了真正苏格拉底式的反讽，以使我们领悟其中的要义。作为读者我们可以肯定，故事里的青蛙和蟾蜍不是真的勇敢，可是，我们或许难以说出什么是勇敢，至少不能以清晰的令人满意的方式说出什么是勇敢。人非得做危险的事情才算勇敢吗？有时，（幼儿）待在自己的地方（即便是床上！）要比跑开（或许是跑进大姐姐的卧室）更能显示出勇敢。心里咯噔一沉、双膝颤抖、牙齿打战，这些跟一个人是否勇敢是否相关呢？我们会发现，这很难说。可是，如果我们不能以完全令人满意的方式来界定"勇敢"，我们如何能肯定青蛙和蟾蜍就不勇敢呢？这一笑料不只是针对青蛙和蟾蜍，同时也针对我们，且不论我们是四岁还是四十岁。

艾诺·洛贝尔具有一种特殊的天赋，把苏格拉底式的反讽手法用于他最为简易明了的儿童故事。他的"妙语仅一行"（one-liners）具备伟大诗篇才有的优美、诙谐和深刻。然而，《青蛙与蟾蜍——好伙伴》因其所用词汇极其简易，故能视为识字课本，选入"我能自己读"系列读物。

再举第二个例子。我选择以同样简练的手法所写的一篇故事作为这第二个例子，尽管它是为年龄稍大的儿童所写的。这就是威廉·史塔克（William Steig）所写的《黄木偶和粉木偶》（*Yellow and Pink*）。④史塔克还为故事画了插图，这些插图也是这本故事书所具魅力的重要体现。当然，这篇故事本身就很美。

有两个木刻的人偶，一个漆成粉红色，另一个漆成黄色，躺在洒满阳光的报纸上，估计是为了让油漆晾干。他们看起来像牵线木偶，不过身上没有系绳。粉红人偶矮而胖，而黄色人偶高且瘦。每个人偶都想知道，为什么他躺在太阳底下的报纸上。

当黄色木偶注意到身边的粉红色木偶,便问:"我认识你吗?"

"我想不会吧。"粉红色木偶小心地回答。

"你或许知道我们在这里搞什么名堂吧?"黄色木偶问。

粉红色木偶并不知道。

"那我们是谁呢?"

粉红色木偶还是不知道。

"我们肯定是什么人做出来的。"粉红色木偶猜测。

黄色木偶对粉红色木偶的猜想做了各种各样的诘难,他自己认为:"我们的存在是个意外,不知怎么搞的,我们就偶然出现了。"

粉红色木偶于是开始笑他。"我的手可以朝这朝那动弹,我的头可以扭来扭去,我的鼻子能呼吸,我的脚能走路,"他大惑不解地问,"你的意思是说,所有这些都只是由于侥幸,偶然发生的?这也太不在理了!"

黄色木偶不为所动,他请这位同伴停下来想一想。他说:"如果时间足够长,如果有一千年、一百万年,也许有两百五十万年的时间,那么,许多不寻常的东西就可能出现。我们何尝不能这样出现呢?"

粉红色木偶极富耐心地逐一检视构造他们身体的每一

个部位。每次他都质疑黄色木偶,让他解释这一部位怎么会是一次偶然事件的结果。对于粉红色木偶提到的每个部位,黄色木偶都努力说明它为何肯定是一次意外的产物。

他指出:"假设一截树枝在树上断掉,正好落在尖锐的石块上,于是你就有了腿。"

他接着说:"后来,冬天来了,那块木头上结了冰,冻得木头咧开了嘴。这就是你的嘴。接下来,可能有天狂风骤雨裹挟着那块木头翻滚,最后翻滚到布满岩石、有一小片灌木丛的小山上,一路上就这么东倒西歪前翻后转地碰撞、切削、刮擦、成形。"

黄色木偶慢慢地想象偶然事件可以解释构造他俩身体的所有部分——手臂、手指、脚趾、耳朵和鼻孔。至于眼睛的起源,他有几种解释:"眼睛可能是昆虫钻的小孔,也可能是啄木鸟啄的小孔,甚至可能是相同尺寸的冰雹反复地砸向同一个部位而形成的小孔。"

粉红色木偶对此无动于衷。"我们怎么能从啄木鸟啄出的孔看外面呢?"

"因为眼睛就是用来看的,你这个笨木头疙瘩。"黄色木偶答道。

当黄色木偶说完他纯思辨的偶然起源理论,粉红色木偶突然发起进一步的诘难。"为了继续聊天,就算你说得对吧"，他应承着黄色木偶，态度和蔼可亲，"你是想告诉我，所有这些怪事不是仅仅发生一次，而是要发生两次，否则怎么会有咱们俩呢？"

黄色木偶不慌不忙，不急不躁。"为什么就不能呢？"他将问题重又甩给粉红色木偶，"是一百万年，我不是说五秒钟，在一百万年里，同样的事情发生两次并不难。"为了不让他这位持怀疑论立场的朋友即刻反对他的主张，他又补充说："一百万年是漫长的时间。树枝折断，风吹不停，闪电、冰雹也没断过，等等，等等，不一而足。"

最后，一个大胡子老头蹒跚而至，对着粉红色木偶和黄色木偶审视一番，满意地大声说："很漂亮，也干了。"

这个大胡子老头将粉红色木偶和黄色木偶夹在腋下带离时，黄色木偶对粉红色木偶耳语道："这家伙是谁？"粉红色木偶也不知道。于是故事结束。

史塔克将故事里的人物塑造为木质的、牵线人偶那种类型的小人儿，这就使他们不能具有自我复制的遗传机能，也不具有达尔文理论中的世代交替优胜劣汰的可能性。但在某些方面，史塔克的思辨生物学有点像前苏格拉底哲学家恩培多克勒、德谟克利特和留基伯的理论。他们也推测，意外获得的特征可能会具有功能性；他们也缺乏遗传理论来解释：具有适应价值的偶然突变会将基因型传递给后代。

活的有机体——从单细胞有机体的发展直到高级灵长类（包括人类）的进化——所明显具有的功能特征是进化选择之悠远历史的产物，这是合理的主张吗？许多人认为是这样，但很少有人能详细地讲述这是怎样发生的，甚至这样的讲述还不如黄色木偶的解释更令人信服。

在史塔克的故事里，黄色木偶和粉红色木偶都没有认出他们的创造者。我们是不是也可能会这样呢？

如同艾诺·洛贝尔，威廉·史塔克使用儿童故事的形式讲述了某种寓言。这一寓言邀约读者——不论是大人还是小孩——去思考一个既是哲学的又是科学的有深度的问题：我们人类是如何诞生的。

无论是洛贝尔的《青蛙与蟾蜍——好伙伴》，还是史塔克的《黄木偶和粉木偶》，都没有诓人骗人糊弄人，两位作者也没有捉弄人。两篇故事以伟大诗篇般的简明性所提出的问题——包括迷人的哲学问题——是值得读者（无论儿童还是成人）深思的。

我将讨论限定在能引发哲学问题的故事范围内。这并不意味着我会认为，在广阔的儿童文学领域，只有哲理性的故事能够避免诓人骗人糊弄人。这当然不是真的。儿童故事在许许多多不同的方面都是真实可信的文学作品。成人写给儿童的故事至少有一种方法能满足对其可信度的考验，那就是，率直而淳朴最好又能幽默地提出难题。

① Jacqueline Rose, *The Case of Peter Pan* (London: Macmillan, 1984). 以下文中标注的页码，均为此书的页码。
② W. H. Auden, *Forewords and Afterwords* (New York: Random House, 1973), 291.
③ Arnold Lobel, *Frog and Toad Together*(New York: Harper Collins,1971),18–29.
④ William Steig, *Yellow and Pink*(New York: Farrar, Straus and Giroux, 1984). 威廉·史塔克（William Steig），一位深受爱戴的漫画家，被《新闻周刊》誉为"漫画之王"，同时著有多部获奖、畅销儿童图画书与儿童小说。1968 年，六十一岁的他才开始创作童书，一出手就不同凡响，获得凯迪克金奖、银奖，纽伯瑞银奖等多项大奖。目前他的大部分作品都有简体中文版，如《阿贝的荒岛》《驴小弟变石头》《会说话的骨头》《老鼠牙医地嗖头》《多米尼克的冒险》《小老鼠和大鲸鱼》等。——译者注

十　儿童艺术

Child Art

我小女儿约莫四岁时画的一幅画,全家人都极喜欢。这是在棕色纸上,用深红色笔墨画的三个人形的头和肩膀,形式简洁,呈金字塔形状。许多年前我们将这幅画进行了装裱,不时挂在卧室或客厅里。

几年前的一次搬家期间,我再次来到这幅画前,驻足欣赏它的优美雅致与欢快明丽。尽管我们还没有将它挂在新家里,可我当然能想到给它一个好去处。在我们所面临的各种选择面前,将这幅特别的画挂在那里,可能是我们对那处空间最好的利用了。

我的家人和我之所以喜欢这幅画,当然有私人的原因。它让我们想起我们深爱的女儿,它把我们带回她的生命和我们的生命里那段有趣的时期。如今,它以我们熟识的方式,强化着我们生命中的延续感。假设我家的朋友,那位博物馆馆长,要来我家看这幅画。(这幅画至今还没有命名,就让我们叫它《深红三人图》吧。)是否可以想象,这位能干的艺术收藏家会断定,《深红三人图》是一件重要的艺术作品——比方说——值得在波士顿美术博物馆展出呢?

当然，任何想认真回答这一问题的人，可能想获取有关《深红三人图》或我女儿更多的信息，并且可能想看看这幅画本身。但为了回答这个问题，人们有必要获取这么多的信息或观览这幅画吗？或者，我已经说得足够充分以便让读者知道其答案为"否"呢？换个方式提这个问题，对于一家专业的艺术博物馆馆长来说，她要先看这幅幼儿的画，然后再决定是否适合博物馆永久收藏，这是合理的反应吗？

当然，波士顿博物馆可能会做专门的收藏——好比说——来陈列美术的自然发展史。馆长或许想让《深红三人图》作为儿童绘画发展中的某种公认的风格或阶段的典范。人们会说，这作品或那作品会为儿童艺术收藏增光添彩；这样说意味着什么，稍后我会对此做一点点探索。当下，让我们考虑一个更大的问题。《深红三人图》可能会为一般的艺术收藏增光添彩吗？

其实，博物馆的馆长们不会去收藏难以分类的作品。他们会发现什么作品能对印象派（Impressionism）或法兰德斯艺术（Flemish art）或立体派（Cubism）或日本水彩（Japanese watercolors）等等有所增益。他们是按照范畴分类来收藏作品的。于是，即便我们不去想象我们的馆长朋友是否会筹办一次儿童艺术展，但是，我们似乎不得不思考这一问题：她能将《深红三人图》归入哪种范畴呢？有哪种公认的艺术范畴是四岁幼儿擅长的呢？

《深红三人图》所能归类的范畴仍旧是儿童艺术。可是，让我们再次延迟讨论这一问题。试问，还有其他范畴适合这幅画归类吗？

我们在第二章所讨论的童年理论中有一种重演论。这一理论会向我们提示，《深红三人图》可归类于原始艺术。然而是哪一种原始艺术呢？好吧，假设它的风格类似于南太平洋群岛上的一些史前艺术，比方说，西澳洲的岩画或树皮艺术。《深红三人图》与澳大利亚岩画的某些样本之间或许会产生有趣的对比与对立。让我们假设其间的类同和差异是惊人的有趣。这依然不能说我女儿童年的画属于博物馆里的澳大利亚岩画藏品。它不能这样归类，也不适合归类于其他公认的"原始"艺术或部落艺术（tribal art）范畴。其理由在于，无论它与这类艺术有怎样的相似，也无论个体发生重演种系发生这一观念多么诱人，它都不是原始艺术或部落艺术。

假若这幅画不适合归类于部落艺术，那么也许应当归类于现代艺术。例如，人们会注意到，《深红三人图》与保罗·克利（Paul Klee）[①]20世纪30年代创作的一批抽象派画作之间存在相似点。或许这幅画应当添加到博物馆的抽象艺术收藏。

保罗·克利对儿童艺术很有兴趣,一度对自己童年的素描和油画也很感兴趣。他对自己的艺术作品所做的第一次编目,就是从他童年的代表作开始的。他晚年的许多作品,尤其是他生命的最后十年的许多油画创作,会让人联想到儿童艺术的风格。②一件保罗·克利晚年的作品很容易让人想到,它与《深红三人图》有惊人的相似之处。这是否意味着,《深红三人图》适合添加到博物馆的抽象派艺术收藏呢?

未必如此。当然,我们的馆长朋友可能想办一次特殊的儿童艺术展,与保罗·克利晚年作品展同时开展。将保罗·克利的作品与儿童艺术作品并排展出,会有助于我们欣赏保罗·克利艺术创作的童稚风格。按照类似的想法,人们也可以将非洲部落艺术与受过非洲艺术影响的毕加索作品并排展出。③

当然也可以将这种比较翻转过来。毕加索对儿童艺术有较好的理解。即便如此,举办保罗·克利艺术与儿童艺术的专门展览,也不是想表明,像《深红三人图》这样的儿童画属于博物馆永久收藏的20世纪抽象派艺术。同样,举办毕加索画作与非洲艺术比较展,也不是主张原始非洲艺术或诸如此类的东西属于博物馆的立体派艺术收藏。

《深红三人图》不属于主流博物馆所设立的任何收藏范围，其基本的原因在于，博物馆的这些收藏是从历史和地理方面界定的。《深红三人图》与一些特定历史时期或公认的艺术运动所产生的绘画，其间的相似尽管是惊人的，可是，它并不真正属于那种艺术收藏的范围，这是因为它并不属于那一历史时期或那一艺术运动。艺术是否应当以完全不同的方式来收藏，这一问题在这里存而不论。我只是想说，按照当前的艺术收藏原则，《深红三人图》不在博物馆所设的任何收藏范围之内。

博物馆收藏可以做一个简单易行的改变，那就是敞开大门，让《深红三人图》可能成为典藏品。那就是增设博物馆收藏的门类，用以永久收藏儿童艺术作品。我现在要提出这一问题：建立这样的收藏门类是否合适？还有一个更大的问题：对第一个问题的回答是否有助于更好地理解儿童在我们社会和文化中的位置？

当然，童年博物馆业已存在了。这样的地方滋养成人的怀旧情绪、乡愁情结，但也能服务于更多的教育目的，帮助我们思考童年的历史学、社会学和人类学。这样的博物馆可以设立一个儿童艺术分部，而这样做的目的是提醒我们，儿童画这一现象可以展示其文化的和历史的多样性，或许还能展示其跨文化的历史普遍性。

十　儿童艺术

当我们问及艺术博物馆——真正优秀的艺术博物馆——是否应当永久收藏儿童艺术作品,其实我们考虑的已经不能简单地表述为童年博物馆的问题了。我们是在追问,儿童艺术作品是否可视为名副其实的艺术作品,而不只是社会的、文化的人工产品。当然,承认一种情况未必就必须排除另一种情况,但问题在于,承认一种情况必然就不能"包括"另一种情况。

与我的问题直接相关的是儿童艺术博物馆这样的事件。其实至少有一家这样的机构,那就是位于挪威奥斯陆的国际儿童艺术博物馆(the International Museum of Children's Art in Oslo)。尽管这一博物馆赢得了一些声誉,但其成功并未达到我们最初的想象。作为一家儿童艺术博物馆,它以生动的形式提出了儿童艺术的地位与本质问题,却没有给出答案。人们或许仅仅视其为专业的艺术博物馆,如同收藏了许多印象派艺术作品的一家现代艺术博物馆一样,是一家专门收藏某类作品的博物馆。可是人们也可能将其视为收藏童年艺术纪念品的博物馆。如果是这样的话,这样一家博物馆的存在并不意味着对儿童艺术作品所含美学价值的任何特别的判断。其实,除非具有良好声誉的普通博物馆,如同收藏现代艺术作品或印象派艺术作品那样收藏儿童艺术作品,否则,儿童艺术作品就没有因其自身美学价值而被认为值得收藏，进而得到社会认可。

托尔斯泰曾经意味深长地追问："什么是艺术？"艺术哲学家们坚持不懈地努力回答这一问题。人们在回答我的问题时，或许期望从艺术哲学家那里获得帮助。但稍作思考便会发现，这样的期望是不切实际的。无论我们是否接受模仿说、表现说、形式说或者其他学说，我们都会发现，这些理论均未认真严肃地拷问过：幼童的素描与油画是否算作艺术。说实话，承认至少某些儿童画是艺术作品，这是衡量任何一种艺术理论是否成熟的一个判据。但这并不意味着任何一件儿童艺术作品都值得专业博物馆收藏。

在某种意义上，我提的是个政治问题。在一个完全由儿童构成的社会里，儿童会自己决定是否需要表彰他们的"同类"成员所创作的部分艺术作品。然而在我们的社会，儿童无权无势做出这样的决定。在我们的社会，这得是成人的决定，这种决定关涉成人控制的财政资源是否支持专业博物馆收藏儿童艺术作品。

对我们来说，问题在于我们成人是否认为，对有艺术天赋的儿童其审美上的敏锐和艺术上的成就加以表彰是适当的，也是值得的。这反过来又提出这样一些政治问题，即我们的社会如何对儿童艺术进行开发利用，以及我们选择何种教育理想并使其在我们的社会得以实现。可这也提

十　儿童艺术

出了这样的问题：我们成人是否认可儿童尤其是那些非常敏锐且有天赋的儿童的作品具有深远价值。

在对儿童艺术的审美评价方面，当然有热情讴歌派和不屑一顾派之别。阿道司·赫胥黎（Aldous Huxley）在热情讴歌派中算是最热情的人。在为一本儿童画小册子所作的引论里，他写道："当任其自然、随性而作时"，儿童"展现出惊人的艺术天赋"。他继续写道：

> 他们对色彩的感受简直令人难以置信！我尤其记得一幅风景画，红色屋顶的房舍出现在暗色的树木和山峦之间，弗拉曼克（Vlaminck）的力量和自信以童稚的方式张扬其间……许多田园牧歌式的风景画以及表现战争场景的画作是按极其优美的古典主义原则来构图的，一切本着天性本能，浑然天成。空间和物体围绕中轴体现优美的平衡感。房舍、树木、人物按照黄金分割法出现在应该出现的地方。⑤

赫胥黎称，百分之五十的儿童是"美术领域的小天才"，但长大成人后比率降至百万分之一。

对儿童艺术作品不屑一顾的人更为常见，更容易遇见。我有次去一家收藏绘画和雕塑的专业博物馆（我声明不是波士顿美术博物馆），向馆长建议办一次以"20世纪艺术与儿童艺术"为题的展览。我建议他将精挑细选的儿童艺术作品进行展出，既考虑到其艺术价值，又考虑到与保罗·克利、米罗（Miro）⑥、杜布菲（Dubuffet）⑦等艺术家的联系，因为这些艺术家曾受儿童艺术影响，至少表现出与儿童艺术存在巨大的相似性。

这位馆长认同以这样的线索办展会有极大的教育价值。说实话，他甚至点了对这种展览会感兴趣的博物馆的名字（他自己的那所博物馆除外）。可他让我相信，只要他还在馆长的位子上待一天，他就不可能会在"他的"博物馆里展出儿童艺术作品。他说，他不会允许任何非一流的艺术品在他那里展出，而他坚持认为，儿童的艺术作品没有一件是第一流的艺术品。

可以看出，这是对待儿童和童年的善（the goods of childhood）的一种明确的立场。照此立场来看，这位顽固的馆长是对的，而阿道司·赫胥黎是错的。我怀疑我们社会的许多人，或许是绝大多数人，都隐隐约约地坚持这一立场。这一立场在迈克尔·斯洛特（Michael Slote）的著作《善与美德》⑧中得到明确阐述和直接支持。

斯洛特认为，人生的善是与人生的阶段相对应的。他不只是声称，童年或老年合情合理追求的善与青年或中年合情合理追求的善是不同的,他甚至还认为事实就是如此。他有一个有趣的观点,那就是童年和老年的善与壮年可获得的善相比,价值较少(可说几乎没什么价值)。为了生动表达他的观点,他请我们权衡一下美梦的价值:

> 在某种意义上,我们对待童年的方式……与我们看待梦中的事物有趣地相似。普鲁斯特(Proust)⑨大体上告诉我们,我们不会将梦中的苦与乐当作实际生活中的善与恶……除非梦影响了我们(清醒状态的那部分)的生活,否则人们对梦便忽略不计不当真;与此相似,童年的成败会对成熟个体产生影响,童年所发生的一切主要影响我们对整体人生的看法。因此在一些情况下,不愉快的学生长大成人后会拥有幸福的成年岁月(有时我们乐于认为不愉快的学生时代有助于带来幸福的成年岁月)⑩,我们认为后来的欢乐岁月是对童年不幸的补偿,甚至是对其的一笔勾销。⑪

为了捍卫这种思维方式,斯洛特做了这么几件事。首先,他试图引导其读者承认与其观点一致,即便他们在此以前没怎么想过甚至根本就没想过这是他们的观点。其二,对斯洛特的观点有一种反对意见,即这会让童年的目标、挫折、成功和失败显得荒唐或任性，而斯洛特为了捍卫这一观点，认为在非理性的需要和愿望的影响下，儿童作为非理性者其目标和挫折自然是任性的或荒唐的。最后，为了反击这种反对意见，即这一观点无法解释人生的一致性，他勾勒了一种所谓人生概要观。这一观念支持年富力强阶段的善要比其他阶段尤其是童年阶段的善更有价值，尽管儿童"有为了童年的价值或有童年自身的价值"（have value for, or in, childhood），但不具有"整体价值"（value überhaupt），即"整体人生观"[12]的价值。

从最后一个观点似乎可以推断，儿童画尽管可能有为了童年的价值或有童年自身的价值，但大概不会有整体价值。除非一些儿童艺术具有整体价值，否则儿童艺术就很难出现在主流艺术博物馆的明确馆藏分类中。现在我想对斯洛特所辩护的观点谈一点点自己的想法。

斯洛特向我们所描绘和评论的童年是对童年善的诋毁。我认为这种诋毁就蕴涵于社会组织的结构中。毕竟是成人，尤其是年富力强的成人，在决定我们社会组织的奖励结构，且在运用这一奖励结构决定哪些人可办展览、可入《名人录》名单、可在重要的理事会任职等事务上发挥着最大影响力。这些奖励结构向那些风光一时的宠儿致敬，然而一般来说，绝大部分奖励都是获奖人在其壮年获得的。

十　儿童艺术

就艺术而言，咱们的大博物馆便体现了斯洛特的这一评价标准，即得到表彰和欣赏的大艺术家的作品均体现了生命较大的善。可是儿童艺术所受的待遇表明，人们认为它只具有工具性的、个人的价值，只对父母、老师以及那些与儿童艺术家有交往的朋友具有个人价值。儿童艺术在促进儿童的一般发展，以及在罕见的情况下促进某人果然变成重要艺术家的范围内具有工具性价值，否则便没有价值。

为了对这类价值分配（assignment of values）做辩护，斯洛特借助于一种（实质上是）生物学的视野来考察童年和老年的本质、意蕴。下面是他的部分言论：

> 想想普通人和生物学家是如何趋向于从时间维度来认识动植物的。在既定生物的生命周期内，一个典型的区分是在发展期和衰老期做出的，这一分期部分地以此为标志：将特定的成熟期视为生物发展的极致，其余阶段被视为"朝向"或"远离"这一极致。为了维持这一区分，也有一种认识趋向，即认为生物在其成熟期最充分地是其所是（它们充分展现其自身之所是）；或许最明显的例证便是，按照惯例，我们通常是以生物的成年阶段的名称而非其生命周期其他阶段相应的名称来为生物命名的。（我们会说树的生命的各个

成长阶段,而不说种子或树苗生命的各个成长阶段,也不以发展的和衰老的阶段来命名,我们会以马而不以马驹命名。)[13]

这一生物学资料提示我们,生物个体生命的延展中的成熟阶段是这一生物的标准化存在。早期的事物和创作被贬为不成熟,而后期的又被贬为衰朽。这一观点落实在当下的问题上,那就是,专业博物馆拒绝设立儿童艺术作品的永久典藏,所能找到的最好的理由大概就是,这些艺术品必然是不成熟的,因而不适合与人类文明最伟大的艺术成就并列收藏。

非洲、大洋洲、北美洲和南美洲最好的部落艺术曾经一度被视为原始艺术,随着文明的进步,它们便成为不成熟的艺术。现在已没有多少人,至少没有多少有影响的人物再持这种态度了。人们现在认为,部落社会里的艺术家所拥有的传承和训练,可以让我们在既定部落风格里识别成熟的艺术家和成熟的艺术品。此外,对待部落文化的态度体现于"整个文化都是未成熟的"这一假设,这会让绝大多数人觉得既天真又无礼。我们现在认为部落艺术不再是那么不成熟了。

因此,我们不能使用部落艺术——它们已出现在某些最为著名的艺术博物馆的收藏里——作为例证来质疑这一假设：只有成熟的艺术品才值得专业博物馆收藏。但我们可以用其他方式来质疑这一假设。我们可以这样发起诘问：马塞尔·杜尚（Marcel Duchamp）⑭所画的众人皆知的小便池《泉》（*La Fontaine*）或者安迪·沃霍尔（Andy Warhol）⑮对汤汁罐头的收藏是否算成熟的艺术？成熟概念在此似乎不管用了。

另一个相关的艺术家群体也值得思考，那就是所谓现代原始主义画派。摩西婆婆（Grandma Moses）⑯或亨利·卢梭（Henri Rousseau）⑰的艺术是成熟艺术吗？这一问题似乎古怪蹊跷。看看摩西婆婆吧，她的艺术未受过学校训练，因而是一种民间艺术，还表现出一种儿童般的天真。可是，尽管摩西婆婆在其长寿的一生里用了最后的二十五年画画，但她的创作从未脱离那种天真状态，相较而言，很难将其归类为成熟艺术。

在美术课上学习绘画的十岁或十二岁儿童的艺术品，可以说是不成熟的。它是自己有意朝着满足指定的标准和原则来创作的。四岁大的孩子的画作是否能称为不成熟的艺术，就难以说清了，它不是自己有意去满足标准和原则而画出的。但不管它是不是不成熟的，它当然都不能算是成熟的艺术。也许它只是无关乎成熟或不成熟的艺术。

四五岁儿童的艺术作品即便在美学上最为令人愉悦、最激动人心，但由于缺乏"成熟"，便自动丧失了与我们文化和其他文化通常表彰的最优秀的艺术作品一道被收藏的资格吗？如果我们能推定现代原始主义画派（如摩西婆婆、亨利·卢梭）和观念艺术家⑱（如马塞尔·杜尚和安迪·沃霍尔）的作品值得与我们文化中最优秀的艺术品一道收藏，那么我觉得我们就应当得出这样的结论：成熟并不是值得享有如此崇高地位的必要条件。

让我们假设这样一种情况：一件作品没有因为尚未成熟就失去由专业博物馆收藏的资格。那么，会是什么让它拥有这种资格呢？也就是说，如果我们抛弃迈克尔·斯洛特所倚重的基于生物学的评价观，并允许我们在那最为富丽堂皇的展厅里展出的艺术品并不能称为成熟的艺术品，那么，我们就需要一个支持的理由，以便用这种方式挑选和表彰最优秀的儿童艺术。

就这点而论，将儿童艺术与儿童哲学做比较会有所助益。我在第一章提出，许多幼童会自然地提问题，做评论，甚至从事哲学专家承认的哲学推理。他们不仅自然地做哲学（do philosophy naturally），而且是以清新的观点、敏锐的问题意识以及打破概念匹配（conceptual mismatch）等来做哲学的。成人必须对做好哲学所要求的天真进行修

十　儿童艺术

炼，而对儿童来说这样的天真完全是天然的。

我不是说儿童通常——或者即便是一些儿童——比成人更容易成为好的哲学家。这是不对的。除了乐意对已接受的信条进行诘问以及对有问题的观念苦苦思索，还有一些事情对于做好哲学十分重要。而儿童哲学（child philosophy）的清新、紧迫与自然而然既给儿童自身带来欢愉，也有助于我们欣赏成人哲学（adult philosophy）——或者更进一步，是哲学自身——的本质与意蕴。是什么推动人们追问并一再追问那些古老的问题？如果人们只是心无旁骛地专注于成人哲学，那么，他们对这一问题的答案只能是一知半解。

儿童艺术会是与儿童哲学类似的事情吗？在最优秀的儿童艺术作品里，会有什么东西其本身既要求人们表彰它，又要求自我彰显（asks to be celebrated in and for itself），同时又有助于我们欣赏成人艺术乃至一般艺术的本性和意蕴吗？我深以为然。如果我是对的，那么儿童艺术便需要展出，如同儿童哲学需要认可乃至公开出版。⑲

构想童年、评价儿童文化（child culture），对此人们做了种种努力，他们要么倾向于认为儿童不过是原人（proto-people），有待爱护和养育以开发其潜能，要么认为儿童是值得成人效法的天真无邪与明察秋毫的模范。这两种认识都不太好。

儿童是人,完全值得拥有人在道德和智识两方面应当享有的尊重。他们现在是什么,将来会成为什么,均应得到尊重。其实,我们应当向儿童学习,让儿童丰润我们的生命,更显而易见的是,儿童在向我们学习,让我们丰润他们的生命。对儿童的眼光(the perspectives of children)和儿童的感受形式(forms of sensibility)敞开胸怀的父母和老师有福了,他们得到的是成人生命所匮乏的天赐厚礼。[20]

然而,儿童的眼光只是在某些方面对于成人是有价值的。成人做事时是严密的,讲究自我约束,并且具有历史意识;相应地看,儿童肯定缺乏这些能力。成人艺术具有精湛的技艺和风格意识,并在艺术史上处于相应的位置;相应来看,儿童艺术是不具有这些特征的。问题在于如何客观认识儿童艺术之所是而又能合理地表彰儿童艺术,既不趾高气扬,也不低三下四。

值得注意的是,儿童艺术和儿童哲学二者均能引领我们质问迈克尔·斯洛特的这一观点:只有年富力强的壮年的善才具有首要价值。成长为成熟艺术家的儿童很少,成长为成熟哲学家的儿童更少。对于许多人来说,他们成年生活中的艺术或哲学从未比得上他们童年的艺术和哲学,

十　儿童艺术

更遑论超越了。如果画画或做哲学对他们而言具有非工具性价值的话，那么，正是他们的儿童艺术和他们的儿童哲学才具有这样的价值。

所以，四岁儿童画的《深红三人图》或其他作品是否应当添入波士顿美术馆的永久收藏？我以为应当。会吗？这很难说。儿童的艺术究竟能否被我们最著名的艺术博物馆收藏，我猜想，这依赖于当前流行的现代主义对以下观念的进一步质疑：成熟是艺术品值得主流艺术机构收藏的必要条件。

如果"成熟假设"得到普遍抵制，并且儿童的艺术作品被严肃收藏，那么这样的进展无疑将具有有趣而又重要的社会、政治效果。首先，我们对儿童的态度，以及对待那系统地贬低他们的思想、他们的敏锐、他们的经验以及他们的创作的价值体系的态度，也将会改变。随之而来的改变是我们所允许儿童发挥的社会作用。这些进展不只是朝向儿童解放迈出了一步，而且也是朝向成人解放迈出了重要一步，——这就是我的建议，对此我希望我说得已经足够充分。

---

① 保罗·克利（Paul Klee，1879—1940），瑞士裔德国意象派画家。——译者注

② "Klees Kindliche Kunst"（in O. K. Werckmeister, *Versuche über Paul Klee* [Frankfurt am Mein: Sundikat, 1981], 124-178）一文中很好地讲述了保罗·克利的艺术与儿童艺术之间令人觉得有趣又复杂的故事。

③ 正如纽约现代艺术博物馆于1984年9月至1985年1月所举办的展览"20世纪艺术中的原始主义：原始艺术和现代艺术的亲缘"。

④ 莫里斯·德·弗拉曼克（Maurice de Vlaminck，1876—1958），法国野兽派画家。——译者注

⑤ Aldous Huxley, *They Still Draw Pictures* (New York: Spanish Child Welfare Association of America, 1939), 3ff. I owe notice of this passage to George Boas, *The Cult of Childhood* (London: Warburg Institute, 1966), 100.

⑥ 胡安·米罗（Joan Miró，1893—1983），西班牙画家、雕塑家、陶艺家、版画家。——译者注

⑦ 让·杜布菲（Jean Dubuffet，1901—1985），法国画家、雕刻家和版画家。——译者注

⑧ Michael Slote, *Goods and Virtues* (Oxford: Clarendon Press, 1983).

⑨ 马塞尔·普鲁斯特（Marcel Proust，1871—1922），20世纪法国最伟大的小说家之一，意识流文学的先驱与大师。——译者注

⑩ 吃尽苦中苦，方为人上人。在中国，许多父母往往以此激励童年的子女艰苦学习。这似乎可与斯洛特此处的观点相呼应。——译者注

⑪ Michael Slote, *Goods and Virtues*, 14-15.

⑫ Ibid, 17.

⑬ Ibid, 36.

⑭ 马塞尔·杜尚（Marcel Duchamp，1887—1968），法国艺术家，20世纪实验艺术的先锋。——译者注

⑮ 安迪·沃霍尔（Andy Warhol，1928—1987）捷克裔美国艺术家，波普艺术的倡导者和领袖。——译者注

⑯ 摩西婆婆（Grandma Moses，全名Anna Mary Robertson Moses，1860—1961），美国传统乡村妇女，出生于纽约格林威治附近的农庄，从未受过绘画训练，大半生在田里工作，六十多岁时丈夫过世，七十岁时因关节炎无法下田工作，也无法再做她喜爱的刺绣，为消磨时间开始画画。七十八岁时开始认真作画。1939年，时年七十九岁的摩西婆婆在现代艺术博物馆首次展出作品。1949年首次举办个展。她画了1000多幅有关乡村生活场景的怀旧彩色

绘画。——译者注

⑰ 亨利·朱利安·费利克斯·卢梭（Henri Julien Félix Rousseau，1844—1910），法国后期印象派画家。

⑱ 观念艺术（Conceptual Art，Idea Art），兴起于20世纪60年代中期的西方美术流派。摒弃艺术实体的创作，采用直接传达观念，使用实物、照片、语言等方法，把一些生活场面突现在观众心中。观念艺术最初的表现样式与语言密切相关，它被陈述，同时可以无数次地重复。后来观念艺术家从杜尚的小便池作品《泉》得到启发，观念艺术表现手段开始多样化，只要创造者主观上认为是艺术的东西，都可作为艺术品陈列出来。——译者注

⑲ 希拉·潘恩（Sheila Paine）曾就其研究的六个儿童艺术家做过讨论，她提出过很好的观点，那就是，六位儿童艺术家就是艺术家，而非原始艺术家，见 Sheila Paine, *Six Children Draw* (London: Academic Press, 1981)。我自己的著作《哲学与幼童》《与儿童对话》除了探讨其他问题，还试图将儿童的哲学公开发表。

⑳ 原文"gifts"是 gift 的复数形式，有"礼品"之义，又有"天赋"之义。我猜想作者马修斯在此使用的是一语双关的手法。——译者注

致　谢

我写本书时使用了自己以其他形式发表过的几篇童年哲学方面的文章。第一章的开端部分使用了我发表的《宇宙在什么之上显现》("What Did the Universe Appear On?" *Journal of Thought* 20, no. 2 [1985], 14-20) 一文中的材料。第三章发表于文集《哲学、民主与儿童》(*Philosophy, Democracy and Children*, ed. John P. Portelli and Ron Reed [Calgary: Detselig Enterprises, forthcoming])。第四章首次以《皮亚杰的自我中心论与守恒》为题发表于期刊《行为主义》("Egocentric Phenomenalism and Conservation in Piaget," *Behaviorism* 17 [1989], 119-128)。第五章首次以《概念形成与道德发展》为题发表于文集《发展心理学的哲学视野》("Concept Formation and Moral Development" in *Philosophical Perspectives on Developmental Psych-*

ology, ed. James Russell [Oxford: Blackwell, 1987], 175-190)。第十章以《儿童艺术与儿童在社会中的位置》为题发表于文集《儿童、父母与政治》("Child Art and the Place of Children in Society" in *Children, Parents and Politics*, ed. Geoffrey Scarre [Cambridge: Cambridge University Press, 1989], 157-167)。我要感谢各位编辑和出版人允许本书使用上述文章和章节。

附录　哲学乃是童年的理性重建

"你们认为时间有开端吗?"我向十几个三四年级的孩子发问。这些孩子是我在马萨诸塞州牛顿市组织的一个哲学讨论小组里的成员。(我们曾试图写一篇时间旅行的故事。)

几个孩子回答说:"没有。"

这时,尼克说话了。"宇宙是一切事物和一切地方,"他稍作停顿,"如果有一个巨大的爆炸或其他东西,那么这种巨大的爆炸要作用在什么地方呢?"

尼克的问题也是久久困扰我的问题。我听过著名天体物理学家和宇宙起源专家关于宇宙起源"大爆炸"理论的许多讲座,都没有解决尼克在这里直截了当表达出来的困惑。

参加这次讨论时,尼克刚满九岁。小组里的其他成员,年龄均在九岁至十岁半之间。

尼克不仅对宇宙如何起源这一问题很感兴趣,而且他还提出了一个形而上学的原则,这一原则要求我们探究宇宙万物（包括宇宙本身）的开端。他认为万物都有开端。正如他意识到的那样，这一原则把宇宙起源这一问题又重新提了出来。他不停地追问："宇宙是怎样开始的？"

山姆说："宇宙是一切事物都在那里出现的地方。其实它并不就是一切。它是其他事物在那里开始的地方。"

"这样说来，一直就有一个宇宙吗？"我问。

"是的，一直就有一个宇宙。"山姆回答。

"如果说一直就有一个宇宙，那么也就没有起始时间了。"我继续说。

"对于某些事物来说，还是有起始时间的。"山姆解释说，"但是对于宇宙来说，就没有起始时间。地球有起始时间，星星有起始时间，太阳有起始时间。但是宇宙没有起始时间。"

"你能向尼克说明宇宙一直就存在吗？"我问山姆。

山姆反问道："宇宙要在哪里开始出现呢？"

"我也不知道。"尼克说。

山姆的宇宙概念（一切事物都"在那里"出现）很像柏拉图对话录《蒂迈欧篇》中的"托载体"（receptacle）概念："……一切创生的、可见的、以可感觉的形式存在的事物之始基和托载体，都未被称作土或气或火或水，或它们的混合物，或它们从中演化出来的任何元素……"（《蒂迈欧篇》51A）按照这一观点，宇宙本身并没有产生，只有其他事物在其内或其"上"演生。这就像这一小组里的另一成员罗斯后来在讨论中提出的看法——事物"在无边的黑暗中产生，而这正是宇宙，宇宙就是无边的黑暗"。

在讨论中，尼克从未放弃过万物都有起源这一信念。但这一信念如何应用于宇宙自身，他却一直感到困惑。每次被问及宇宙在哪里首次出现，他都直率地回答："这一点我也不知道。"当然，第一个对这一信念提出质疑的正是他自己。[①]

宇宙是什么？它是否有开端？儿童对这些问题感到困惑是很平常的。我希望大家承认这一点。大约五六岁时，我也提出过一个问题，并为此而困惑过，那就是："假如上帝在某一特定时刻创造了世界，世界却看起来是无始无终的，这到底是怎么回事？"

现在我知道，我提出的这个宇宙起源说的问题有点像圣托马斯·阿奎那的问题。像我一样，阿奎那接受了基督教义中上帝创造世界（实质上是无中生有）的观点。但阿奎那对亚里士多德宇宙永恒的论点也十分信服，于是他在某种程度上将亚里士多德的这一观点与神创说作了一番协调。

至于我自己——童年的我，我作了一个类比。我向母亲提问，可是并未得到具体的回答。我后来反而安慰她：

"别担心,妈妈,我认为这就像人画的一个完整的圆圈。画的时候你在那里,你会知道起点在哪里。可你现在看这个圆圈,你就说不出哪里是起点了。这正像一个完整的圆圈,起点和终点是彼此相连难以看出的。"

现在,五十年过去了。我在向大学生讲授亚里士多德或阿奎那的哲学时,我试图让自己和学生都变成这个善于提问的儿童。我应该这样做,不然,我们大家共同面对的哲学将会失去探究的紧迫性,并且难以切中要害。

我的意见是,作为成人研究对象的哲学可被看作对儿童提问的成熟回应。那么,在某种程度上,成人哲学是在童年形成的,是成长中的儿童在认知能力或道德能力受到挑战时,对理解世界的最好方式的理性重建。这些挑战不是来自于他人或环境的外部挑战,而是一种内部挑战,这种内部挑战来源于人类认识世界和改造世界的种种努力。

如果我的意见是正确的,我们就能预料到儿童从很小的年龄开始,就会提出问题,发表评论,甚至参与专业的成人哲学家认为具有哲学性质的推理。我的著作《哲学与幼童》收集了儿童三岁以后所发表的评论,这些材料足以证明这种预料具有充分的理由。

有例为证。此书中提到一位名叫厄休拉的三岁儿童,她告诉妈妈她肚子疼。妈妈说躺一会儿就不疼了。厄休拉问:"疼会到哪里去呢?"(厄休拉的询问是出于淘气还是出于沉思,我们并不知道。)②

这里有三个令人费解的判断。(1)疼在厄休拉的肚子里。(2)它会消失。(3)躺一会儿能使它消失。让我们忽略掉第三条。吉尔布特·赖尔在《心的概念》一书中用数页篇幅向我们证明,疼并不真正在我们身体里;他指出,你若剖开身体,并不能发现疼。赖尔同样会说,厄休拉的疼并不是真的消失了。在我看来,矢口否认疼的存在并无意义。要解释身心现象问题,我们要提醒自己,在许多情况下,一种事物可以在另一事物中(铅笔在抽屉中,手在手套中,砖在墙中,图案在布料中,曲线在肖像中,吱吱声在门里,等等),在许多情况下事物也可以消失,所以不仅祖母来访后会走掉、消失(她还会来),一个黑斑被涂上洗涤剂后会消失,(真讨厌!)当除污剂干后又会出现。吱吱声就像一汪水一样,哪里都没去却消失了,但它像黑斑而不像一汪水,吱吱声还会回来。给门涂上油,吱吱声就会消失,再过三个月,同样的吱吱声又会出现。

当我们谈论心灵和心灵的具体内容时,可能会出现思路混乱的情况,而企图避免这种情况是困难的。人的观念是否全由这些说不清、道不明的东西构成,厄休拉轻易地使我们这些成人辗转不安、百思不解。像吉尔布特·赖尔这样的成人哲学家以最为持续一致、成熟老到的方法谨慎地对待思路混乱的威胁，而这位三岁儿童的问题却使这种思路混乱表现得如此明显。

厄休拉的问题起始于困惑。困惑激发哲学。但是，不论是儿童还是成人，从事哲学思考的动机有时似乎出于这样一种需要，即以尽可能简单而基本的方式立即理解一切事物。让我们看一下克莉丝汀（四岁）这一案例。她自己在学习使用水彩。她画画时，开始思考各种颜色。她坐在小床上，给爸爸说话，她宣称："爸爸，世界全是由颜色做成的。"

我碰巧知道，克莉丝汀的爸爸也想知道这个问题的答案，所以他喜欢克莉丝汀的假设并做了积极的回应。不过，他承认有一种困难，他问女儿："玻璃是由什么做的呢？"

克莉丝汀想了一会儿，然后果断地说："世界是由颜色和玻璃做的。"

克莉丝汀似乎本能地知道，当一个人的主要假设遇到反例时应当如何去做。只要把反例收进假设中就可以了。

我还了解克莉丝汀另一件有趣的逸事。这次她已五岁，正学阅读。她学认音节并把它们读出来，从而学会认单词。她对自己的成功很感自豪。

她还是坐在小床上给父亲聊天，她说："我们有字母，我真高兴。"

克莉丝汀的爸爸对她所表示的这种独特的感激有点惊奇。"为什么？"他问。

"因为，如果没有字母，就不会有声音。"克莉丝汀说，"如果没有声音，也就不会有单词……如果没有单词，我们就不能思考……如果我们不能思考，也就不会有这个世界。"

我不知诸位对此有何感受，但是这个五岁儿童的推理却使我屏息沉思。作为一位专业哲学家，我花费了许多时间研究哲学史，这时我立即、几乎是本能地将克莉丝汀的推理与早期哲学家的思考联系起来。我首先想到的是前苏格拉底哲学家巴门尼德。在他的哲学残卷中有一句常被后人讨论的话——"tauton d'esti noein te kai houneken esti noéma"。这句话常被理解为"想到的和存在的东西，是同一件东西"。这句话可以转换为，"只有那些能被思考的事物才能存在"。那么，如果我们承认克莉丝汀的假设，即没有字母，什么都无法思考，没有字母，就不会有单词，至此我们就会得出一个有趣的结论："没有字母，就不会有世界。"

我们还可以把克莉丝汀与18世纪盎格鲁－爱尔兰哲学家贝克莱大主教联系起来。贝克莱说："Esse est percipi——存在就是被感知。"克莉丝汀的思想似乎是"Esse est cogitari——存在就是被思考"，或者更确切地说，是"不被感知的是不能存在的——Non cogitari est non esse"。把克莉丝汀与哲学史上的哲学家相联系，上面这些仅是开始。

这年一月份我在柏林。我访问了五年级的一班学生，一年前我曾对班上 25 名孩子作过短期访问。一月份，我在这个班上组织讨论了几个有问题的概念，我们的文化要求我们认识这几个概念，其中一个就是快乐。有些哲学家认定，快乐是一种愉快的感受，这对不对？它是通过降低欲求并使欲求得到满足时所获得的心满意足那种东西吗？或者，快乐就是专心致志于某项活动（它可能伴随愉快感受，当然并不需要必须如此）的非凡特征？

植物是否会感到快乐？我和班上的孩子为了编写这方面的故事便展开了讨论。故事开头是说，缪勒一家度假回来，发现路易斯阿姨心爱的花草萎缩着，干巴巴的。坦特·路易斯说："噢，多可怜，你一定渴了吧！我给你浇点水，你又会快乐的。"

赫迪挖苦坦特·路易斯把花当成人了，可是，赫迪的兄弟汉斯却不敢肯定植物就真的不会口渴、不会快乐。我问孩子们故事应该怎样开头。

我们讨论了一会儿，孩子们对植物能否感受快乐发表了意见，然后在纸上写出他或她有什么好点子来帮汉斯或坦特·路易斯解决这个问题。

后来我读罢孩子们写下的文字，我发现把这些文字整合成一个故事的最好办法是，让其中的一个人物提出这样一种观点：每种生物都能以自己的方式感受快乐。对于植物，感受快乐的方式无疑是很原始的。它只是对外部刺激诸如温度、光线、营养、水的自然反应，并表现为挺直腰杆，争奇斗艳。对于动物甚至对于人来说，快乐也时常是一种自然反应，或许是对美味佳肴，或许是对悦耳的音响。但是对动物，特别是对人来说，快乐的精致水平有可能不断增加。这里介绍一下柏林那班孩子最令人难忘的想法之一。幼小的大卫写道，植物像所有生物一样，能欢愉地对刺激做出反应，并以这种方式表现快乐；它们也能不愉快地反应，它们还会死亡。不过，他接着写道，它们不会悲痛致死（Vor Kummer sterben），我们人类却可以如此。大卫的观点是，饮悲而死的能力是一种生物快乐的最高表现形式。他表述的这种引人注意的思想，佐以显然童稚的手势，至今仍然萦绕我脑际。

我想从我的《与儿童对话》一书中撷取更多的例子。但是首先我要介绍一点背景。

1982—1983这一学年我在苏格兰的爱丁堡大学认识科学学院（School of Epistemics）[3]做研究工作。

"Epistemics"（认识科学）是爱丁堡这个地方为代替所谓"cognitive science"（认知科学）而使用的新词。所以这一年，我周围是一些语言学家、发展心理学家、电脑科学家以及哲学家。

也就是在这一年，我在当地的一所音乐学校每周去上一堂哲学课。班上孩子的年龄是八岁半至十一岁。我记下了我们在一起时所做的大多数讨论。这些讨论记录和我就记录所作的评论，构成了上面所提到的那本小书的大部分内容。

这年春天，有位著名的语言学教授到访认知科学学院，他还就自然的（natural）、非自然的（non-natural）和非正常的（unnatural）语言作了一场公开演讲。这位教授就"自然的"一词的不同意义作了大量哲学探讨，为了说明这些区别，他就印欧语系、世界语、美洲手语、计算机的 BASIC 语言等语言的自然性质（naturalness）作了种种比较。

后来我在语言学院碰到他后，给他谈了一些我在圣玛丽音乐学校上哲学课的情况。他很感兴趣。我说："我班上的孩子也很关心语言是不是自然生就的，如果是，它是在哪个或哪些方面是自然的。"

他问："他们怎样判定的？"

我提议先看一下记录。下面这些就是我给他看的部分内容。我把公开发表的记录包括自己的评论放在这里。"语言究竟是什么？"问题提出来了。这个问题是由九岁的丹尼尔大笑着提出来的。接着他坏坏地笑着重讲了一遍这个问题："语言是什么？"

> 埃斯特："丹尼尔，有什么好笑的？"
>
> 丹尼尔："设想有一个人在说，语言是什么？"
>
> 理查德是一月份来到这个班的，那时他刚过九岁。他大声说："丹尼尔，告诉我们，语言是什么。"
>
> 接着另外几个孩子也向丹尼尔提出了同样的问题："如果你能干，就告诉我们。"
>
> "好吧，"丹尼尔停了停，"这很难讲出来。"
>
> 其他孩子齐声说："想想看。"
>
> 在这种持续的压力下，丹尼尔努力阐明语言是什么。"它是形容词或某种东西。"他开口说。
>
> "这只是语言的一部分，"达波说，"你并没有说出什么是语言。"我猜想，他是想说形容词是语言里的一类。
>
> 大家谈了一些题外话。我尽可能鼓励丹尼尔。我问他，是否觉得能以一种有效的方式向某人解释语言是什么。
>
> 丹尼尔："好的，那种……不，我不知道。"
>
> 对此我很想指出目前的僵局是怎样的一类哲学讨

论。人们常问一些貌似简单的问题,如:"什么是语言?""什么是时间?""什么是认识事物?"这些都是很基本的问题,人们会觉得易于解答。但是仔细考虑后,人们就会意识到,以有效的方式来回答这些问题并不容易,甚至根本无法回答。有谁知道什么是语言、时间、认识事物呢?④

我很想把这番话讲出来,但是我忍受住了诱惑。"很难回答,对不对?"我对丹尼尔说,我对这种问法感到满意。

理查德表示同意。"是的,很难回答。你无法描述什么是语言。"

丹尼尔很高兴自己有台阶可下了。"我也是这个意思,"他说,"你无法描述什么是语言。"

理查德想知道这个故事是否编完了。我说我不知道,我问他觉得编完了没有。

理查德:"对于什么是语言这个问题,我们还能再谈一些东西。"

我表示同意。"我们可以再谈些东西,不过,怎样谈下去呢?"

埃斯特指出再过二十分钟就三点了,离下课还有十分钟时间。

我问她:"你是不是认为我们不可能在十分钟里解决什么是语言这一问题?"

"对,我们不能。"她很肯定地说。

我稍稍哄了这些孩子,讨论立即又高涨起来。

马丁:"语言是自然的。你对它们是无能为力的。"

达波:"语言不是自然的。"

马丁:"如果我们没有语言,我们怎么来交谈呢?"

我:"我们不能交谈。"

达波:"语言不是自然的。要是你妈妈对你一句话不讲,你就只能一直'哇(waa),哇,哇,嘎(gaa),嘎,嘎……'"

马丁:"你妈讲话是自然的,对不对?"

马丁的回答很巧妙,他仍然坚持语言是自然的。可是达波毫不示弱。他说:"那是因为妈妈都会教自己的孩子说话。这样一直回推到第一句话的出现,就像'呃'(umm)、'呜'(wuh)……"

其他孩子立即开始发出这种原始的声音。为了使讨论继续下去,我在一片喧嚷中提出了一个问题。"那么,你们是怎样看待人们开始使用语言的?"

达波:"他们要表达什么事情,以替代用手指比比划划。"

语言是如何开始的这一想法，紧紧地扣住了理查德的想象。"是的，人是怎样造出语言的？"他皱眉想着。"人不能只发明语言。他们不能讲'我们刚刚做出了重大发明——语言'。"

我想问他为什么说人们不能这样讲。是因为他们没有语言可讲吗？是因为语言不是那种可以发明的东西？还是因为人们本来就有语言，所以人没有语言可发明呢？

虽然我很想发现理查德的观点，但是这时混乱不堪，那么多人同时讲话，我不得不整顿一下秩序。噪音和混乱也使我无法从这段录音中记下任何东西。

课堂稳定一些后，理查德说："语言是由咕哝声开始的，然后……我不知道，然后突然……"

我想理查德的意思是如果语言尚不存在，你是无法想象出语言是什么样子的。这样，你就无法发明语言；语言只能自然而然地产生。

与此类似的是马丁的思想。"语言是你生来就有的，"他用一种说教的口吻说，"人们期待着你使用这些语言。"

接下来，大家就狗或其他生物是否使用语言展开了生动活泼的讨论。与前面的思想相联系，如果说语言对于人类来说是自然的，那么也可以认为，语言对于其他动物也是自然的。

马丁："它们有自己的语言。"

达波："你怎么知道的？"

埃斯特："狗为什么叫？它们只是因为好玩才叫吗？"

达波："但是它们并不会说'这'、'一个'……"

埃斯特（和另外几个孩子）："它们会说。"

达波："所有的狗叫声都是一样的。埃斯特，这些叫声不是你所说的词。"

马丁："狗从它们自己的'语言'概念出发，也许会以为我们使用的不是语言。"

关于狗叫，达波说："这可以表示许多意思，如'我饿了'，'我累了'，可是狗没有相互区别的声调和类似的东西。"

埃斯特："我有三只狗，它们都会这样叫，对它们来说这些叫声就是语言。可是我们不能发现这些语言是什么。我们无法听懂。"⑤她一边说，一边模仿了各种逼真的狗叫声。

记录与评论到此结束。

这位来访的语言学教授深受震动。他惊讶地发现，许多他感兴趣的问题出现在儿童的讨论里。我认为他不应对此惊讶。他问我，我是否事先向孩子们提出语言是不是自然的这一问题。"没有，"我说，"是他们自己提出这个问题的。"对我而言，正是我班上的孩子，在没有得到任何特别提示的条件下所发表的思想，证明了他的问题的基本特征。

所以，我想提出一种观点：成人研究的所谓哲学，是坚持不懈地企图解决人类认知能力和道德能力所遇到的内在的或观念上的挑战（internal or conceptual threats），而这些挑战绝大部分出现在幼小儿童的思考里。假定我的这种看法是正确的，或部分正确，那么从中我们可以得到哪些推论呢？

我们取得的一个推论是，儿童发展领域的研究人员读点哲学将会有所受益。从哲学学习中，他们将学会更好地理解和欣赏儿童认知能力和道德能力所面对的挑战。

我举一个例子。

在我的《哲学与幼童》一书中，我对皮亚杰的著作《儿童关于世界的概念》中的一件逸事进行了讨论：

> 一位九岁的小女孩问："爸爸，真有上帝吗？"父亲回答说，不能肯定真有。对此孩子反驳说："肯定真有，因为他有一个名字！"

"荷马从未存在过",类似的陈述怎样才能既有意义又是真的,从古至今这一直是个难题。为了使这一陈述有意义,"荷马"这个名字就得指代某物或某人(即写出《伊利亚特》和《奥德赛》的那个古希腊人)。如果这个名字指代这样一个人,"荷马从未存在"这一陈述便是伪的。另一方面,如果从未存在过这样一个人,"荷马从未存在"看来就不是真的,而且没有意义——就像"布拉(Blah)从未存在"一样。

两千五百年来,人们提出各种办法来解这一古老的谜题。最有创见、最可喜、最新颖的解决办法是伯特兰·罗素在20世纪早期提出的。罗素指出,我们应当把真正合适的名称与他所谓"篡改过的描述"(truncated descriptions)区别开来。罗素提出了一个非常英明的叙述理论,它表明,诸如"《伊利亚特》和《奥德赛》两部书的作者从未存在"这样的命题如何才能既有意义又是真的。只要给作者取名"荷马",不是既定的某人的名字,而只是指代"写出《伊利亚特》和《奥德赛》两部书的作者",那么这个陈述就是既有意义又是真的。

然而,如果"荷马"真是某人的名字,一个既定的某人的名字,而且也不是某种确定的描述的简称,那么据罗素看来,"荷马从未存在"不可能既有意义又是真的。

也许有人会说,伯特兰·罗素所持的意见与皮亚杰报告中的小女孩是一致的。如果"上帝"是一个真实确切的名字，而不是对某一具体描述的指代，那么上帝的存在就得到了保证。正如罗素在谈到另一个例子时所说的那样："如果它不是一个真实的名字，存在问题就不能成其为问题，因为名字就是用来指称事物的，否则它就不是名字……"⑥

皮亚杰在其著作中认为，这个小女孩"不能把名字与事物区别开来是很奇怪的"。皮亚杰轻蔑地抛弃了儿童的推理而不予思考。但是他不应不考虑，这个小女孩的推理是立根于一个悠远的传统，远溯自公元前5世纪，近推至最新的哲学期刊，这份期刊上有篇论文专门讨论所谓"自由逻辑"（free logics）或"空名"（empty names）。

就我所知，儿童解决有关空名的能力是发展的，其发展方式有某种有趣而又可靠的一致性。但情况是否如此，一般的发展心理学家对空名的产生这种基本哲学问题十分迟钝，他们对这种情况甚至连想都没有想过。

我这篇论文提出的第二个推论是，成人（包括教师、父母或儿童研究人员）看待童年的认知和道德问题时应当渐渐地丢掉自己的优越感。如果我的意见正确，那么儿童的这些问题甚至对于最聪明的成人哲学家的智慧也是严峻的挑战。

在密歇根的安阿伯（Ann Arbor），我遇见一个人，有次她告诉我这么一件事。她带着四岁的儿子去看生命垂危的外公，孩子发现外公极其痛苦。（一个礼拜后外公就死了。）孩子在回家的路上问妈妈："人病得快死了，像我外公这样，为什么他们不用枪打死他？"妈妈倒抽了一口冷气，紧张地回答："不，警察是不允许这样做的。"孩子静静地想了一会儿，然后说："也许他们只能用药让他快点死掉。"

这个四岁的孩子很可能看到或听到过这种事情：人们为了不让一些患了重病或负了重伤的小狗、小猫或牲畜"活受罪"，便把它们弄死。为什么不能弄死外公呢？这个类比是恰当的。这也是促进医生开出致命的药剂以使痛苦的垂死病人死亡的部分原因；这也是促使我们许多人同意在某种情况下施行安乐死在伦理上是可接受的，甚至是一种伦理责任。

这个孩子当然能看到用枪杀死与用药物、麻醉品弄死之间是有区别的。依照外公的情况以及自己的道德观，在讨论外公这一案例时，人们也许要做其他的区别；人们也许要区别诸如弄死与自然死亡之间的差别等。（我相信向四岁的儿童解释这样的一种区别是不成问题的，如果这个孩子以前没有做过这种区别。）人也许还要做其他区别。

使安乐死讨论在理论上复杂化，在原则上说是没有止境的，人们也许要考虑到（安乐死）法案与功利主义规则之间的对峙（Act Versus Rule Utilitarianism），要考虑对康德绝对命令或罗尔斯的原初立场概念（Rawls's notion of Original Position）的不同理解。但是我猜想，我们文化中大多数实际的安乐死案例正是由这位四岁儿童完全理解的理由来设想和实施的。我这么说并不是想贬低伦理学或藐视安乐死问题。我的意思是，这位四岁儿童努力去解决的问题正是难倒我们最有智慧的成人医生和哲学家的问题。正如我们常做的那样，我们不假思索地说："噢，他懂什么？"我们不仅小觑了儿童，而且也使问题脱离了自然的人类背景，在这种自然背景中，我们这些凡人，无论他是四岁还是四十岁，都在尽力解决是生还是死的两难问题。

我这篇论文的第三个推论是，我们可以希望一些最敏感和最富想象力的儿童文学能在这一方面丰富繁荣起来，虽然这一方面尚未得到广泛赞赏。如果这一推论正确，我就可以期望一些儿童文学，来表达成人的哲学在道德和理智才能方面难以解决的那些问题。我并不是让儿童文学作家把表述哲学问题看成他们的工作。我是说，一些作家应自然而直接地承认，这些问题对于儿童来说是重要的、有趣的。一些儿童文学作家确实也如此认为。

我写了一个小专栏"在故事中思考"。通过这个小专栏，我想使读者注意到这些故事，旨在促使儿童进行哲学思考或表述儿童提出的见解。一段时间之前，我曾就厄休拉·勒·吉恩

（Ursula Le Guin）所写的儿童故事书《里斯·韦伯斯特》[7]写过专栏文章。这篇专栏文章我是这样写的：

> 里斯是一只蜘蛛，她出生于一个旧宫殿的觐见室里。像她家（韦伯斯特家族）的其他成员一样，里斯天生就知道如何去编结印有传统图案的优美而牢固的蛛网。她编了一只网，又编了另一只，接着，她抛弃了遗传规定，开始编织具有独创性图案的一种网。
>
> 在她的自由创造中，里斯开始编织各种图案，有的像觐见室地毯上的叶子、花朵，有的甚至像壁画上的猎人、猎狗和号角。无疑她的表象对现实至少作了两次处理。难道它们不是图画吗？
>
> "表象不是图画，"维特根斯坦告诉我们，"但是图画可以与表象相应。"（《哲学研究》第 301 篇）那么也许里斯蛛网中的图案是表象而不是图画。
>
> 有时人们能从云彩或散乱的杂物中看到花或猎人。云彩能描绘出猎人吗？一片杂物呢？如果将一片杂物铺开、用胶固定、裱贴在一个基面上，题曰《猎人》，又是什么呢？如果铺开、用胶固定、裱贴、取标题造成了不同，那么这种不同是什么呢？假定一片云彩能在其表现一种令人遐想的形状时冻结起来并被展览，

又是什么呢?

一位来访韦伯斯特家族的朋友对里斯奇形怪状的蛛网表示不满,便问:"它能捉苍蝇吗?"里斯承认"不太管用,老式的比较好"。里斯回答时有点窘,她开始让这些网变得牢固起来。不久,她的网捉起苍蝇来便同老式的一样了。(当然好的艺术品也是有用的。)

一天,来了一群清洁妇。她们准备打扫蛛网。看到里斯编织的花毯如此美丽,她们非常惊讶。有一位说:"蜘蛛不会作画。"另一位则说:"是的,不过它们会想象。"

有位清洁妇跑出来告诉当局,当局便把蛛网小心翼翼地夹在玻璃中举办展览。把它夹在玻璃中能改变蛛网的形而上学地位吗?假设它们是被标上题目来展览呢?这会出现什么问题呢?

蛛网被保存下来了,清洁妇回到觐见室来打扫房间。在大扫除中,她们把里斯抛出窗外。

里斯起初是战战兢兢的,后来便振作起来。她把新"房间"也用叶子和花朵"装饰得金碧辉煌"。但是,她饿得厉害,为了捉苍蝇,她便胡乱织了一只网。第二天黄昏,她沮丧地看到网上沾满了水滴。然而,这时阳光照耀在她的作品上,她看到了许多珍珠在反射着阳光,这是"我有生以来所编的最美丽的网"。

假定有某种雄鸟,其歌喉婉转动听,其成功交配的机会也最多。再假定有某种雌蜘蛛,她们非常美丽,平均寿命比一般蜘蛛要长——虽然她们并不能捉更多的飞虫。我们能据此而推论出那种鸟之雌鸟具有审美能力,那种有奇妙编织天赋的蜘蛛在生活中也充满美感吗?或者说,我们对鸟和蜘蛛的见解能充分说明上面的猜想是虚假的、不切实际的吗?

怎样解释古代人类文明的遗迹呢?在我们了解古代社会有否艺术创作意图之前,我们能了解艺术博物馆里那美丽的陶片吗?甚至可以问,这些陶片上的叶、花或猎人是古人刻意描绘的吗?也许有人会说,"至少在我们看来是艺术"。如果这样理解,那么我们也可以把蜘蛛里斯·韦伯斯特的蛛网看成艺术。⑧

最近我改编了一篇哈伯特·蒙台赫特(Hubert Monteilhet)所著的法国儿童故事《受印度轮回观念影响的尕斯》⑨(*Gus at les Hindous*):

尕斯刚满九岁,应邀跟大人们进餐,碰巧父母的朋友乔巴德先生刚从印度旅游回到法国。他谈到印度的风俗习惯，尤其绘声绘色地讲了印度人灵魂转世的信仰。他瞥了尕斯一眼，警告说，根据这一信仰，淘气的孩子要变成动物，更淘气的孩子要变成植物甚至石头。尕斯苦思冥想："如果人变成马铃薯或镇纸器，那又该怎么办？"

饭后尕斯生病了。他怕变成动物或卵石，便问妈妈乔巴德先生讲的故事是否真实。妈妈向他保证说，这种事情只会发生在印度。另外她还说，即使尕斯变成动物，哪怕变成一只跳蚤，她也能立即认出他来。

尕斯头痛发烧，神志不清，经历了某种转变。他似乎变成了他的小狗沙拉米背上的一只跳蚤。

从那个梦中醒来后，尕斯又经历了另一种转变。这次他似乎与沙拉米交换了身体。哎呀！没有一个人（甚至妈妈也不能）透过狗身体认出他。

他费尽心机与父母交流，终于用狗窝里的干草写出了"妈妈"，后来又写出了"爸爸"。然而，大家没有看出这只狗身体里禁锢着一个人的灵魂，而只是把他当作一条极端聪明的小狗。他作为一条奇狗被邀请上电视节目；但在电视节目现场，他惊慌失措，以致无法表演广告所宣传的那些特技。

尕斯彻底绝望了，最后便咬了乔巴德先生一口。乔巴德先生担心这条狗有狂犬病,坚决主张把狗杀死以检查其是否携带狂犬病毒。当兽医给他注射了致死的药剂,尕斯从噩梦中醒来,发现自己躺在母亲温暖的怀里。

《受印度轮回观念影响的尕斯》是极为幽默的,并且具有下面两个特点。首先,它的幽默是近乎粗野地表达愤怒与羞辱,然而第二,它的幽默又促使我们深思。

人变成跳蚤或狗会是怎样一种情形呢?从现象学的观点来看,巨大的变化将会出现。变成跳蚤后,尕斯发现小狗沙拉米背上的毛发变成了森林一样的东西。变成沙拉米后,他发现自己不是躺在床上,而是躺在地上,他低着头用四条腿走路,显得十分笨拙。

尕斯具有人类生活的经验,他从未打算去过小狗沙拉米的生活。这本书中许多好笑的情节中,有一个情节是写尕斯以沙拉米的身份遇到了邻居家的公猫,这只猫生性残忍,睡觉打呼噜,禁锢在狗身体中的体面的法国人的灵魂是无法对付它的。

《受印度轮回观念影响的尕斯》促使人们深入思考个人同一性这一难题。但它也促使我们深入思考,成人对待儿童的种种方式,以及人们(包括成人和儿童)对待动物的种种方式。

约翰·罗尔斯在《正义论》一书中企图将正义原则标示为：在我们几乎不了解我们生活中的个人状况的情况下，根据合理的个人利益，我们将会一致赞同的这些规则。如果不知道是黑人或女人或贵族或智力低下者，我们将会选择这些规则以清除对黑人、女人等不利的一系列因素。如果在灵魂转世的神话中重新安排一个角色，而且不知将来我们要转生为何物，按照合理的个人利益，罗尔斯的公正原则将是我们同意的原则。

不论是东方还是西方，灵魂转世的经典说法都包括人有可能变成一个非人动物。那么，在罗尔斯让我们开展的思想试验中，我们要包括变成狗的可能性吗？罗尔斯认为没有这个必要，因为我们并不拥有狗的公正。

《受印度轮回观念影响的尕斯》十分有趣。它也很有哲学意趣，实际上它是法国儿童文学中哲学意趣的杰出典范。⑩

到此为止，本文论证的观点是，成人研究的所谓哲学，是不懈地企图解决人类认知能力和道德能力所遇到的内在的或理性的挑战，这些挑战绝大部分出现在幼小儿童的思考里。我已经从中作了三种推论。第一，儿童发展方面的研究人员阅读一些哲学将会大有裨益。第二，成人应当认识到自己与儿童对一些认知、道德问题的认识并非相距甚远，其间的距离是由成人面对儿童时内心生出的优越感造成的。第三，我们可以期望某些儿童文学在哲学向度上丰富起来。

现在我要提出本文的第四条即最后一条推论。有心的父母和教师已经知道，他们在努力教育、护养和关心儿童方面用力不均。甚至最有头脑的父母和教师，也许特别是这一部分人，没有意识到成人与幼童之间可以进行那启迪心智、富有成果的对话，这种对话不只是让幼童受益，而且也让成人同样受益。在真正的哲学讨论中，儿童可以成为出色的讨论者（discussants）。儿童可能没有成人对手的丰富信息和老到的语言能力，但是他们的想象、他们的困惑和发现意识，他们对不和谐、不恰当的敏感，他们对认识事物的急切热望，都特别有利于哲学思考。如果你没有同一个或一群幼童一起探讨过哲学问题、真正的哲学问题，那你错过了人生最大的乐趣之一。我建议你尽早弥补这一缺憾。

（本文译自 Gareth Matthews, "Philosophy as a Rational Reconstruction of Childhood," *Journal of the Canadian Association for Young Children*, Fall/Automne,1988。《童年哲学》第一章的部分内容是由该文阐发而来，故部分内容有重合之处。特此注明。）

---

[1] Gareth B. Matthews, "What Did the Universe Appear On?"
[2] *Philosophy and the Young Child*, Mass.: Harvard University Press, 1980, 17–18.

③ Epistemics 是 1969 年爱丁堡大学建立 School of Epistemics（认识科学学院）时新造的词汇。它与 epistemology（认识论）有所不同，epistemology 是对认识进行哲学研究，而 epistemics 是对认识进行科学研究。20 世纪 80 年代中期，School of Epistemics（认识科学学院）更名为 The Centre for Cognitive Science (CCS，认知科学中心)。1998 年，认知科学中心并入爱丁堡大学信息学院（School of Informatics）。——译者注
④ Ludwig Wittgenstein, *The Blue and Brown Books*, Oxford: Blackwell, 1969, 26–27.
⑤ *Dialogues with Children*, Cambridge, Mass.: Harvard University Press, 1984, 69–74.
⑥ "The Philosophy of Logical Atomism," *Logic and Knowledge*, Robert C. Marsh, ed., New York: Putnam, 1956, 243.
⑦ Ursula Le Guin, *Leese Webster*, New York: Atheneurr, 1979.
⑧ "Thinking in Stories," *Thinking*, Vol. 3（1981）, No. 2, 1.
⑨ Hubert Monteilhet, *Gus at les Hindous*, Paris: Fernand Nathan, 1982.
⑩ "Thinking in Stories," *Thinking*, Vol. 7（1987）, No. 1, 1.

译后记

马修斯《童年哲学》的翻译工作结束了。作为译者，我想向读者介绍一下作者马修斯其人，也谈谈我对该书的印象。同时，我也想在这里说几句感谢的话。

一、马修斯其人

马修斯（Gareth B. Matthews，1929年7月8日—2011年4月17日）在儿童哲学领域是有世界影响的大学者。通过马修斯生前从教的马萨诸塞大学哲学系网页上的马修斯简历[1]，以及该大学于2011年4月25日发布的讣告[2]，可以了解马修斯教授的主要生平情况。

马修斯生于阿根廷的布宜诺斯艾利斯，长于美国的伊利诺伊州、田纳西州，并在印第安那州的富兰克林学院获得文学学士学位。1952年在哈佛大学获得文学硕士学位。此后一年以洛特利学者（Rotary Fellow）身份在柏林自由大学访问一年，又在美国海军驻德国的情报单位工作三年半，接着重回哈佛大学读书，1961年获博士学位。他受聘教职的大学有弗吉尼亚大学（1960—1961）、明尼苏达大学（1961—1969）、马萨诸塞大学（1969—2005，此后任该校荣休教授）。2011年4月17日，马修斯因结肠癌在波士顿逝世。

马修斯的研究方向主要是古代哲学和儿童哲学。

其古代哲学方面的专著主要有：《奥古斯丁》（*Augustine*, Blackwell, 2005）、《苏格拉底式困惑与哲学的本质》（*Socratic Perplexity and the Nature of Philosophy*, Oxford, 1999）。

其儿童哲学方面的著作主要有：《童年哲学》（*The Philosophy of Childhood*, Harvard, 1994）、《与儿童对话》（*Dialogues with Children*, Harvard, 1984）、《哲学与幼童》（*Philosophy and the Young Child*, Harvard, 1980）。

其儿童哲学方面的著作被译成德、法、日等十余种语言出版。

二、马修斯《童年哲学》在童年哲学的学科建设方面的贡献

《童年哲学》是马修斯童年哲学思想的集大成之作。该书《引言》介绍了作者构建儿童哲学学科的心路历程。马修斯告诉我们,在1963年他第一次将儿童与哲学联系起来,继而写作《哲学与幼童》和《与儿童对话》,最后写出《童年哲学》。

在《童年哲学》的《引言》里,马修斯特别介绍了与该书写作直接相关的两次研讨会。1985年和1988年,他在"美国国家人文学科基金会"(NEH)的资助下,组织了两次高校教师暑期研讨会。每次研讨会均以"童年哲学诸议题"(Issues in the Philosophy of Childhood)为主题,各有十二名与会者。这两次研讨会所讨论的,就是本书各章的内容。相信这两次研讨会,对于倾听各方面意见而集思广益、开拓视野、深化思考,一定是功不可没的。

该书提出了马修斯自己的童年哲学框架,但他指出,该书只是对童年哲学这门学科一些议题的个人回应。我的理解是,童年哲学学科是一个开放的体系,远比该书所涉猎的话题要多得多。

马修斯写道:"我提出'一门'童年哲学学科(其实可

以说是提出我自己的童年哲学），是希望它成为学术研究、写作和教学中的一个地地道道的领域，并确保它在未来的哲学课程中占有一席之地。"可见马修斯并不想固化童年哲学的学科框架，而是期待童年哲学成为学科之林中一门公认的学科。

马修斯的这一期待已经变成现实。网络版《斯坦福哲学百科》"童年哲学"（The Philosophy of Childhood）这一词条开篇即言："童年哲学近来被视为与科学哲学、历史哲学、宗教哲学以及许多其他'哲学'学科相类似的研究领域，它被视为与这些已经具有哲学研究合法领域的'哲学'学科相类似的学科。"[3]马修斯《童年哲学》等书籍在世界范围内的广泛传播，也是童年哲学学科被广泛注意的一个体现。

三、《童年哲学》值得关注的几个观点

1."成熟假设"（maturity assumption）是错误的。

在马修斯看来，20世纪的童年研究有惊人的发展，而20世纪的童年研究的基本观念有两种：其一，儿童是发展的，发展是不断成熟的过程；其二，儿童的成长发生于可识别的一系列阶段，较高的阶段比较低的阶段更接近理想。这

两种观念自有其合理之处，但一旦用于"做哲学"上，就不对了。

这是因为，第一，不能说青少年或成人比幼童拥有处理哲学问题更适当的成熟水平；第二，幼童的哲学评论和提问其清新和创意，甚至最有想象力的成人也难与匹比，——儿童常常是清新、创意的思想者，而相伴成熟而来的却是僵化呆滞和缺乏创意；第三，对于成人来说放弃成见是多么不易，而儿童对问题的成见就少多了，所以，听从笛卡尔试图"重新开始"的成人哲学家们试图以某种特定的方式返老还童，即便只是暂时地变成幼童——这对成人很难，而对儿童来说是不需返老还童的。也就是说，当涉及做哲学时，"阶段/成熟模型"的评价假设（the evaluational assumption of the stage/maturational model）是完全错误的。

马修斯认为，20世纪占统治地位的"童年理论与模型"（theories and models of childhood）与这种"成熟假设"是联系在一起的。这些理论与模型认为，"儿童生活于前科学的甚至前理性的世界"、儿童"还不算一个完全的社会成员"，等等。尽管这些童年理论与模型对认识儿童有所贡献，但同时又"歪曲了儿童形象"，"限制我们承认儿童是人类成员的种种可能性"。

2. 不只是儿童的社会存在被忽视了，而且儿童在文化中的位置也被剥夺了。

马修斯在第十章"儿童艺术"中，自始至终围绕他的小女儿四岁时的涂鸦之作《深红三人图》的艺术本质、艺术地位以及是否应当在博物馆享有收藏权利等事项，做了深刻的辩析。对儿童艺术不屑一顾的成人可谓司空见惯，甚至一家专业博物馆的馆长决绝地让马修斯相信，只要他在馆长的位子上待一天，他就不可能会在"他的"博物馆里展出儿童艺术，他不会允许任何非一流的艺术品在他那里展出，而他坚持认为，儿童的画作没有一件是第一流的艺术品。

在我看来，卢梭《爱弥儿》开篇即谈的自然与社会的矛盾、天性与文化的矛盾，在这位馆长身上进一步彰显出来，儿童的生活、儿童的作品中所体现的"自然""天性"受到的排挤与压迫昭然若揭。在极端的情况下，这种排挤和压迫会使艺术的源头乃至文化的本源濒于枯竭。

可以想见，那位馆长的言语对马修斯而言是多么刺激，对马修斯的儿童观是一种怎样的挑衅！而马修斯试图改变的正是诸如那位馆长这类人的观念。

马修斯认为，专业博物馆拒绝设立儿童艺术作品的永久典藏，所能找到的最好理由大概就是：这些艺术品必然是不成熟的，因而不适合与人类最伟大的艺术成就并列收藏；但是，四岁儿童的画作也许是无关乎成熟或不成熟的艺术；成熟并不是享有崇高地位的必要条件。为了阐明这一观念，马修斯又回到第一章来寻找证据。"将儿童艺术与儿童哲学做比较会有所助益。我在第一章提出，许多幼童会自然地提问题，做评论，甚至从事哲学专家承认的哲学推理。他们不仅自然地做哲学（do philosophy naturally），而且是以清新的观点、敏锐的问题意识以及打破概念匹配（conceptual mismatch）等来做哲学的。成人必须培养做好哲学所要求的天真，而对儿童来说这样的天真完全是天然的。""儿童哲学（child philosophy）的清新、紧迫与自然而然既给儿童自身带来欢愉，也有助于我们欣赏成人哲学（adult philosophy）——或者更进一步，是哲学自身——的本质与意蕴。是什么推动人们追问并一再追问那些古老的问题？如果人们只是心无旁骛地专注于成人哲学，那么，他们对这一问题的答案只能是一知半解。"与儿童哲学类似，儿童艺术"有助于我们欣赏成人艺术乃至一般艺术的本性和意蕴"，因此，"儿童艺术便需要展出，如同儿童哲学需要认可乃至公开出版"。

马修斯还有一个观点值得关注。马修斯认为儿童艺术受到了不公正的评价："儿童艺术所受的待遇表明，人们认为它只具有工具性的、个人的价值，只对父母、老师以及那些与儿童艺术家有交往的朋友具有个人价值。儿童艺术在促进儿童的一般发展，以及在罕见的情况下促进某人果然变成重要艺术家的范围内具有工具性价值，否则便没有价值。"可见，无论在中国，还是西方，都存在这样的文化弊病，那就是忽视了童年在人生中的价值，忽视了"儿童是目的"这一命题。④马修斯写道："成长为成熟艺术家的儿童很少，成长为成熟哲学家的儿童更少。对于许多人来说，他们成年生活中的艺术或哲学从未比得上他们童年的艺术和哲学，更遑论超越了。如果画画或做哲学对他们而言具有非工具性价值的话，那么，正是他们的儿童艺术和他们的儿童哲学才具有这样的价值。"这里可以读出一种潜在的观念，那就是，许多成人的生活是不及他们童年生活的，更遑论超越。这种观念是震撼人心的。

3. 儿童应向成人学习，同时儿童是值得成人学习的。

马修斯认为："儿童是人，完全值得拥有人在道德和智识两方面应当享有的尊重。他们现在是什么，将来会成为什么，均应得到尊重。其实，我们应当向儿童学习，让儿童丰润我们的生命，更显而易见的是，儿童在向我们学习，让我们丰润他们的生命。对儿童的眼光（the perspectives of children）和儿童的感受形式（forms of sensibility）敞开胸怀的父母和老师有福了,他们得到的是成人生命所匮乏的天赐厚礼。"

历史上,这种观念可谓不绝于耳。在中国,老子的"复归于婴儿"、孟子的"大人者不失其赤子之心"、李贽的"童心说"、丰子恺将童年视为人生"黄金时代"的观点……在西方,耶稣认为那进入天国的都是像小孩子那样的人,此外还有布莱克的《天真之歌》、弥尔顿的"儿童引导成人"、卢梭的"自然人"、华兹华斯的《颂诗:忆幼年而悟永生》……

但另一方面,马修斯指出:儿童的眼光只是在某些方面对于成人是有价值的。成人做事时是严密的,讲究自我约束,并且具有历史意识;相应地看,儿童肯定缺乏这些能力。成人艺术具有精湛的技艺和风格意识,并在艺术史上处于相应的位置;相应来看,儿童艺术是不具有这些特征的。问题在于了解,如何根据儿童艺术之所是而又能合理地表彰儿童艺术,既不趾高气扬,也不低三下四。

"复归于婴儿"并非变成哇哇啼哭的小儿;"大人者不失其赤子之心"也不是求赤子之心而毁成人的生命形态,否则何来大人!

马修斯还指出,《童年哲学》所致力的儿童观的进步,不只是为了解放儿童,而且也是为了成人自身的解放。

从文学角度看,马修斯的文字也是独具魅力的。请看《童年哲学》用以煞尾的这段话:

"如果'成熟假设'得到普遍抵制,并且儿童的艺术作品被严肃收藏,那么这样的进展无疑将具有有趣而又重要的社会、政治效果。首先,我们对儿童的态度,以及对待那系统地贬低他们的思想、他们的敏锐、他们的经验以及他们的创作的价值体系的态度,也将会改变。随之而来的改变是我们所允许儿童发挥的社会作用。这些进展不只是朝向儿童解放迈出了一步,而且也是朝向成人解放迈出了重要一步,——这就是我的建议,对此我希望我说得已经足够充分。"

真可谓:一言以尽,余音绕梁;嗟而再叹,夫复何言!

四、马修斯的批判精神和思考深度

在阅读和翻译该书的过程中,我时常被马修斯的批判精神和思考深度所打动。皮亚杰和科尔伯格的理论被读者普遍认可甚至赞赏,可马修斯却在皮亚杰、科尔伯格理论里发现了存在于其中的重大缺陷(见第三章《皮亚杰和哲学》、第四章《皮亚杰与守恒》和第五章《道德发展》)。这就让我想起了乔姆斯基提出的"奥威尔问题"。

乔姆斯基在与一位中国学者交流时,对"奥威尔问题"进行了这样的界定:"为什么已有这么多的证据,而我们知道得还是如此之少（it is the question how do we know so little given that we have so much evidence）。"⑤ 马修斯在《童年哲学》里对皮亚杰、科尔伯格等人言之成理、持之有故的批评，让我们发现，学术世界里——即便在皮亚杰、科尔伯格这样的伟大学者及其广大读者那里——也存在"奥威尔问题"，也存在认识上的漏洞乃至缺陷。而马修斯便是看穿其中的奥威尔问题的英雄。

为什么我们需要哲学家？马修斯给出了答案。学术界需要哲学家来看穿学术世界的奥威尔问题。马修斯在《童年哲学》里使用的方法，可能不同于大学讲堂里的研究方法课里的方法，但正是这种追根问底的哲学方法——我们与生俱来的方法，每个小孩子都在使用的方法，甚至每个成人"日用而不知"的方法——在帮助我们解决学术领域的奥威尔问题。

五、致谢

该书第二章（原文第 24 页）引用了洛克《人类理解论》中一段话：

Let us then suppose the mind to be, as we say, white paper, void of all characters, without any ideas:—How comes it to be furnished? Whence comes it by that vast store which the busy and boundless fancy of man has painted on it with an almost endless variety? Whence has it all the materials of reason and knowledge? To this I answer, in one word, from EXPERIENCE.

关文运译本（《人类理解论》商务印书馆 1959 年版）将此部分内容译为："我们可以假定人心如白纸似的，没有一切标记，没有一切观念，那么它如何又有了那些观念呢？（洛克原文此位置有'Whence comes it by that vast store which the busy and boundless fancy of man has painted on it with an almost endless variety?'一句，关译本漏译此句。）它在理性和知识方面所有的一切材料，都是从哪里来的呢？我可以用一句话答复说，它们都是从'经验'来的。"

关文运漏译的这句确实是有难度的。我曾将这句英文的翻译问题向浙江师范大学的罗瑶博士求教，罗瑶又向她在英属哥伦比亚大学留学时的友人 Patricia Liu Baergen 征求意见，Patricia 将洛克这句话理解为：From where does the huge storage and endless variety of information come from that man has produced from his imagination？这句话的中译定稿是与罗瑶和 Patricia 的具体帮助分不开的。在此我向她们两位致谢。

最终洛克这段引文译为："让我们假设心灵如我们所说的白纸，上面没有字迹，没有观念：——其中的内容从何而来？其中从人的想象里所产生的巨大容量且无穷多样的信息从何而来？其中理性的和知识的材料是从何而来？我的回答只有一个词，从'经验'而来。"

翻译是很难的。有时，一句话需要推敲半天、一天乃至更长的时间，其中甘苦，译者自知。

翻译是以译文将原文（"名"）所载之"道"（以另一种"名"）逼真地显现。翻译的过程是寻求原文背后的"深层语法""内部语言"，然后将这种"深层语法""内部语言"转换为外部的目标语言（译文）。翻译是很难的。翻译的至高境界或许就是心与"物"游、如入化境。这里的"物"就是原文和译文（"名"）以及两者背后共同的"深层语法""内部语言"（"道"）。译者若能在"名"与"道"之间出入自由，便如儿童游戏，其间自有难言的欢乐。这也算是我在辛苦的翻译过程中所收获的一点点心得和乐趣吧。

在这里，我要感谢三联书店对该书翻译工作的约请，感谢胡群英君的联络、沟通、耐心与责任心。

刘晓东

2015 年 6 月 1 日（儿童节）

① http://www.umass.edu/philosophy/faculty/faculty-pages/matthews.htm.
② http://www.umass.edu/newsoffice/article/obituary-gareth-matthews-professor-emeritus-philosophy.
③ Matthews, Gareth and Mullin, Amy, "The Philosophy of Childhood", *The Stanford Encyclopedia of Philosophy* (Spring 2015 Edition), Edward N. Zalta (ed.), URL=<http://plato.stanford.edu/archives/spr2015/entries/childhood/>.
④ 刘晓东:《论童年在人生中的位置》,《南京师大学报》(社会科学版) 2013 年第 6 期。
⑤《乔姆斯基访谈录》,载司富珍:《语言论题》,北京:中国社会科学出版社,2008 年,第 183 页。